问人那些事儿

那些事儿

李白篇

夫 子 主编

成 思 李雨蒙 著

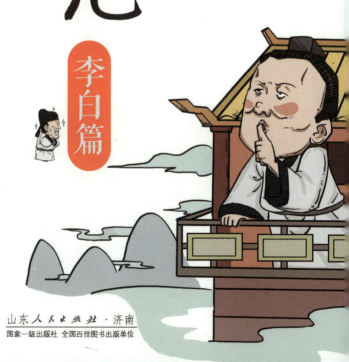

山东人民出版社·济南

国家一级出版社 全国百佳图书出版单位

图书在版编目（CIP）数据

诗人那些事儿. 李白篇 / 夫子主编 ；成思，李雨蒙著. ——
济南 ：山东人民出版社，2022.6
ISBN 978-7-209-13667-9

Ⅰ．①诗… Ⅱ．①夫… ②成… ③李… Ⅲ．①李白（701-
762）-传记 Ⅳ．①K825.6

中国版本图书馆CIP数据核字(2022)第076201号

诗人那些事儿·李白篇
SHIREN NAXIE SHIER LIBAIPIAN
夫子 主编

主管单位　山东出版传媒股份有限公司
出版发行　山东人民出版社
出 版 人　胡长青
社　　址　济南市市中区舜耕路517号
邮　　编　250002
电　　话　总编室（0531）82098914
　　　　　市场部（0531）82098027
网　　址　http://www.sd-book.com.cn
印　　装　山东华立印务有限公司
经　　销　新华书店

规　　格　32开（145mm×210mm）
印　　张　7.5
字　　数　120千字
版　　次　2022年6月第1版
印　　次　2022年6月第1次
印　　数　1—10000
ISBN 978-7-209-13667-9
定　　价　36.80元

如有印装质量问题，请与出版社总编室联系调换。

　　"飞流直下三千尺，疑是银河落九天。"哇，这是多么瑰丽浪漫的想象！"无边落木萧萧下，不尽长江滚滚来。"啊，这是多么落寞悲凉的情绪！"东风不与周郎便，铜雀春深锁二乔。"呀，这是多么匠心独运的见解！读到如此令人惊艳的诗句，你是否想买一本诗歌集来品一品？

　　豪迈爽朗的李白，却经常生出淡淡的忧伤；一生凄苦的杜甫，却念念不忘国家和人民；风流潇洒的杜牧，却在军事上才华横溢……面对这些传奇般的诗人，你是否想买一套他们的传记来读一读？

　　可是啊，当你欣赏诗歌集的时候，虽然能读到诗歌原文、注释、翻译，甚至赏析，但是会不会经常感到与诗歌隔了一层面纱？当你品读诗人传记的时候，虽然书中将诗人的一生记述得清清楚楚，但是会不会经常感到有些疲倦、无法沉浸其中？

你会不会想，有没有这么一套书，能够让自己"一口气"读完诗人的一生，能够沉浸其中，为诗人的欢乐而欢乐，为诗人的忧愁而忧愁；同时，还能读到诗人的经典诗歌，了解这些诗歌是在怎样的背景下、在诗人怎样的心情下创作出来的，与这些诗歌"零距离"接触一番？

相信，这套《诗人那些事儿》能够合乎你的胃口。它一个分册只讲一位诗人，语言通俗又风趣，借用了一些现代流行语汇，同时运用丰富的想象绘制了超多幽默、有趣的插图。而且，中小学阶段必背的这位诗人的诗歌，都包含在其中。每个分册以诗人的生平为主线，串联诗人的经典诗歌，既是诗人的传记，又是诗歌的合集。

在这套书里，你看到的诗人，是有血有肉、有喜有忧的鲜活的人物，如同你景仰的长辈，又如同你亲近的朋友；在这套书里，你读到的诗歌，仿佛是近在你眼前、刚刚沐浴阳光或经历风雨而缓缓绽放的花朵，让你流连忘返，回味无穷。

目　录

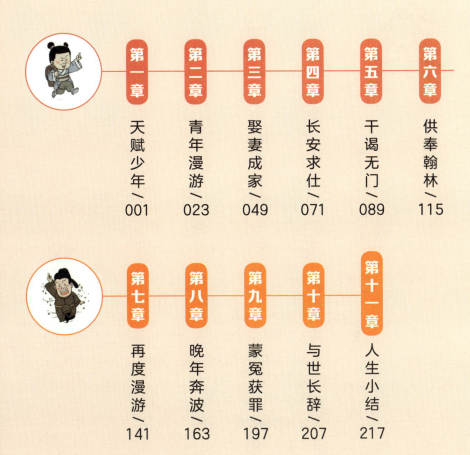

第一章

天赋少年

提到诗人，大部分人首先想到的名字应该就是"李白"吧？他可是中国文学史上一颗亮闪闪的明珠，被后人称为**"诗仙"**呢。历史上叫"圣"的人不少，有诗圣、书圣、画圣、医圣、茶圣，等等，但叫"仙"的可就极少了。从这个称号就可以看出，李白在大家心目中的地位是很不一般的。

医圣

画圣

茶圣

李白
诗仙

诗圣

这么"不一般"的人，想必大家都想赶紧了解他吧。李白出生于公元701年。他的出生地，一般认为是四川的江油，也有说法认为他出生在西域的碎叶城（唐朝时属安西都护府），四五岁时才随家人迁居到四川。

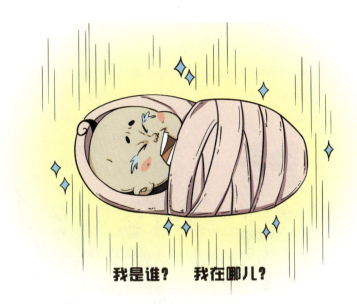

我是谁？ 我在哪儿？

关于李白的出生地，人们历来争论不休，吵个面红耳赤。可直到现在，还是没争论出个所以然来，谁也说服不了谁。

其实关于自己的祖籍问题，李白曾亲自现身说法：

"白，陇西布衣，流落楚汉。"

意思是说，我李白的祖籍是在甘肃，后来才迁居到楚汉之地。

但是，人们似乎连李白本人的说法都不认可。为啥？还不是因为李白太有名了，各地的人都想当他的老乡，沾沾他的光。

明代著名学者李贽（zhì）就曾说：

蜀人则以白为蜀产，陇西人则以白为陇西产，山东人又借此以为山东产……余谓李白无时不是其生之年，无处不是其生之地。亦是天上星，亦是地上英。亦是巴西人，亦是陇西人，亦是山东人，亦是会稽人，亦是浔阳人，亦是夜郎人。

看懂了吗？李贽这是在暗戳戳地讽刺那些争"李白故里"的人呢！这能怪谁呢？怪只怪李白太红了，太有名了！

"要是能重来，我要选李白。"

读到这句话，你脑子里是不是自动响起了BGM（背景音乐）？

"李白"这个名字放在这歌词里还挺顺口的。据说"李白"这个很特别的名字还是他自己取的。话说李白的父母对于给他取名这件事特别重视，字典都翻烂了也没找到合适的，以至于李白长到7岁了还没有一个正式的名字。

爸爸，隔壁的哥哥叫狗蛋，妹妹叫丫蛋，要不我就叫鸡蛋好了？

一天傍晚，李白的父母带着李白在院子里散步（因为李家几代经商，据说是做物流生意，挣了不少钱，所以宅子很大，还有院子）。李爸爸看到春天万物复苏、百花齐放的景象，就开始吟诗：

春风送暖百花开，迎春绽金它先来。

李妈妈就接了一句：

火烧叶林红霞落——

说完就停在那里，李白知道爸妈这是在考他呢！吟诗只吟前三句，这不是故意留一句给他吗！他看了看，院子里有一棵正在开花的李树，就走过去，想了想，说：

李花怒放一树白。

嘿！巧了不是！"李"刚好是他的姓，"白"字突显了李花的高洁，他父亲当下就拍了板，把儿子的名字定了下来，就叫

——李白。

是时候展现真正的技术了！

这八成是后人编的故事，但也说明了"李白"这个名字的确很特别，要不，大家为什么要编个故事来说明它的来历呢？当然，关于李白的传说故事可不止这一个，还有一个流传更广的。

话说那李白……

　　据说，李白小时候也是个天天想翘课的"淘气包"。有一次，他又偷偷从学堂溜出来，跑到附近的一条小溪边玩，正巧看到一个老婆婆正在溪边的石头上磨东西。李白很好奇，走过去一看，老婆婆正在打磨一根大铁棒。李白就纳闷了，心想："难道这个老婆婆是某某师太，正在打造绝世兵器？那我正好请她收我为徒，学一身武艺，从此行走江湖，再也不用上学了，哈哈哈……"

想到这里，李白就上前作了个揖，恭恭敬敬地对老婆婆说："师太……哦不，老人家，请问您磨这根铁棒是要做什么呢？"谁知，老婆婆头也不回地说："做绣花针！"李白心头一惊，这是要做暗器吗？看来这个老婆婆不好惹啊！他扭头就往学堂跑，跑回去后半天都喘不过气来。

后来，他仔细想了想，这么粗的一根铁棒，这个老婆婆竟然要磨成一根细小的绣花针，这耐心实在让人佩服啊。老婆婆年纪这么大了，还能这么坚持，自己为啥就不能安安心心坐下来读书呢？于是，从此之后，李白就老老实实上学，打消了逃课的念头。

铁杵（chǔ）成针

磨针溪，在象耳山下。世传李太白读书山中，未成，弃去。过是溪，逢老媪（ǎo）方磨铁杵。问之，曰："欲作针。"太白感其意，还卒业。

磨针溪，在象耳山下。传说李白在山中读书的时候，没有完成学业，就跑出去玩了。他路过这条小溪，见到一个老妇人在那里磨一根铁棒。（他感到奇怪）于是就问这位老妇人在干什么。老妇人说："打算把这根铁棒磨成针。"李白被这位老妇人的毅力感动，于是就回去完成了学业。

家传秘方，专治厌学、逃课、网瘾……

　　光阴似箭，日月如梭。转眼间李白十五岁了，这一年，他父亲带他去大匡山（在今四川江油）的大明寺求学。寺庙的方丈叫广慧，年过七十，却精神抖擞。

　　李白被带进去后，老方丈左看右看，上看下看，把他仔仔细细地打量了个遍，发现来的这小伙儿长得一表人才，看着也挺机灵的，就答应收下做俗家弟子，还给他取了个别名叫**青莲居士**。

李白也很上道，听话得很，每天跟着师父早晚练剑，其余时间就学习文化知识。

老方丈发现李白不仅人很机灵，学习还特别刻苦，就打心底里喜欢上了这个俗家弟子。既然已经从心里认可了，那还不得将自己的看家本领传给他？于是，从此以后，除了"体育"和"语文"以外，李白又多了一门新的课程——佛学。

李白呢，也毫无怨言，秉持着"捡到篮子里都是菜"的信条，只要是知识他都认真学。

李白从小就不安分，爱四处溜达。这不，在大明寺跟着广慧方丈学习期间，他也没闲着，一有空就到处旅游，几乎游遍了周边的群山众岭，还跟着师父去了峨眉山、戴天山。在戴天山长春观里，李白拜见了自己一直很崇拜的偶像——道长长春真人。

　　长春真人看李白年纪轻轻，懂礼貌，又爱学习，也很喜欢，拉着李白聊了很久，一对一地给他讲解了《道德经》等道家典籍，还把道家采药炼丹的看家本领教给了他。这一趟李白可以说是收获满满，不仅如此，李白还在这里认识了一位重要的道士朋友——元丹丘。

在戴天山做访问学者的日子还是过得挺不错的，李白都有些不想回去了，但也不能老打扰人家啊，最终他还是回了大明寺。不过回到大明寺的李白还没收心，他这一趟被灌输了很多道家思想，也埋下了对道友们的深深思念。

过了两年，李白十七岁时，又去了一次长春观，想再次拜见长春真人，但是不巧，长春真人刚好外出云游了。这可把李白难过坏了，他怅然若失地写了一首《访戴天山道士不遇》，诗里说："**无人知所去，愁倚两三松。**"

糟糕，来晚了一步！

　　但是，这点愁不过是"少年不识愁滋味，为赋新诗强说愁"罢了，李白这时正是风华正茂、豪气干云的年纪，怎么可能因为错过一次与偶像的见面就一蹶不振呢？这不，李白又去求学了，他来到梓州（今四川三台）城外的长平山，拜访了在那儿隐居的纵横家赵蕤（ruí）。

　　这位赵蕤虽是隐士，但在四川非常有名，人称"赵处士"。他写了一本叫《长短经》（又叫《反经》）的书，该书主要讲述了如何运用谋略治理天下，被称为"小《资治通鉴》"，有兴趣的同学可以找来看看。

　　李白对这位赵处士的敬佩之情犹如滔滔江水，连绵不绝，赵蕤也很看好这个年轻的小伙子，两人可以说是一拍即合，互相看对眼儿了。他们每天在一起讨论各种话题，巴不得把一天掰成两天来用，一年多都没有下山。

　　试问现在哪个少年能在一个没电话、没网络的山上一待就是一年多啊？可见，李白确实骨骼清奇，是个能专心做学问的人才。

正因为这几年的沉浸式学习，李白在学问上取得了很大的进步。赵蕤也是个好老师，将自己的知识倾囊相授，在李白心中种下了"济苍生、安社稷"的种子。经过赵老师的指点，李白经常想象自己将来成为一个拯救天下的"superman（超人）"。

刚想睡觉就有人递枕头，这不，李白"拯救天下"的机会说来就来了！他毕业下山，刚回到老家，铺盖还没放好，就有人送来了offer（邀约函）。原来是昌明县（今属四川江油）县令请他去县衙工作。县令不过是个七品芝麻官，在他手下打工自然也不是什么大官，不过至少能为老百姓做点事，先实习一下也不错。

于是，李白满怀希望地答应了。但正所谓"理想很丰满，现实很骨感"，李白倒是想一展抱负，可是这个县令却不是什么好官，不过是个"伪文艺青年"。李白心直口快惯了，哪里能忍受这种装模作样的人呢。

据说当时还发生了这样一件事，让李白对这个领导彻底死了心。有一次，县里突发山洪，李白跟着县令一起探查灾情时，看见河里漂来一具女尸。这个可恶的县令没有第一时间命人去打捞，反而在一旁摇头晃脑地吟了首诗："二八谁家女？漂来倚岸芦。鸟窥眉上翠，鱼弄口旁朱。"

　　吟完后，他还得意地看着李白，以为李白会拍他的马屁，夸他写得好。他把李白当成什么人了？李白不但没有拍马屁，反而很生气！都这个时候了，作为县令不去全力救灾，还在这儿对这个可怜的被淹死的少女评头论足，简直无耻！

李白冷笑一声，也随口念道：

绿发随波散，红颜逐浪无。何因逢伍相？应是怨秋胡。

"秋胡戏妻"的故事在当时可是广为人知的，县令很清楚，李白这是在讽刺他没有良心、无情无义。这可把他气坏了，当即就要开除李白。李白早就不想跟他干了，还没等县令开口，他袖子一甩，转身就走了。

当然了，这个故事很可能只是个民间传说，但反映出了李白孤傲清高、疾恶如仇的侠义性格。

小贴士

秋胡戏妻是一则早在民间流传的故事。说的是秋胡新婚才三日，就被强征去当兵，妻子罗梅英在家含辛茹苦，侍奉婆婆。十年后，秋胡当了官回到家乡，在桑园遇到了一个美丽的女子，于是上前调戏，没想到这个女子就是自己的妻子梅英。梅英知道了自己的丈夫原来是这样轻薄好色的人，毅然跟他断绝了关系。

第 二 章
青 年 漫 游

李白的第一份工作可以说碰了个大钉子，不过，这样的打击还影响不了李白，他很快就找到了调整心情的方法——去散心，去旅游！世界那么大，应该去看看。况且，李白他爹给他攒下了不少家产，他要出门远游，是不用为路费发愁的。再说了，在唐朝前期，国家富强，社会安定，年轻人外出云游，结交朋友，是一种潮流。行万里路不仅可以增长见识，提高能力，更重要的是，在旅行途中还可以拜访名人，积累名气，结识高官，说不定还可以碰上欣赏自己的伯乐，从而引领自己走上仕途的高速公路。

　　二十岁的时候，李白选择了成都作为出游的第一站。当时的成都，可是一个豪华的大都市，不仅有

美丽的风景，物产也十分丰富，是名副其实的"天府之都"。

第一站——成都！出发！

不过李白看中的倒不是这个，而是一个叫苏颋（tǐng）的人，这个人当时正在益州（成都）大都督府做长史，是当时很有名的文学家，喜欢结交文人。为了和苏颋见面，李白设计了一场"偶遇"。他趁苏颋在驿亭休息的时候，递上了自己写的几篇诗文。苏颋也挺大度，不仅没有责怪李白冒失，反而认认真真地看完了李白的作品。他看后大为惊艳，对李白大夸特夸，说他的文采赶得上汉代的司马相如，将来必成大器。

得到了认可，李白高兴得不行，他想既然苏大人给出了这么高的评价，肯定会向上级举荐自己吧，这样的话官帽就有着落了。可惜还是那句老话——"理想很丰满，现实很骨感"，苏颋并没有引荐李白。

这次的经历又给李白的梦想泼了一瓢冷水，不过李白并没有气馁，接着，他又去了趟渝（yú）州（今重庆），跑到大名士李邕（yōng）的府上投了份简历。李白对自己的才华还是颇有几分自信的，他在简历中大谈特谈自己"济苍生、安社稷"的壮志。但是，一连过了十多天，都没啥消息传回来，他都怀疑是不是搞错地址了。于是李白再一次上门拜访，没想到这回得到的只是李邕秘书的拒绝，连李邕的面儿都没见着。

现在有不少大学毕业生感叹找工作难，你看，李白这工作也不好找啊。不过李白之所以没被李邕看上，倒不是因为李白毕业的学校不行，而是因为李邕这个人最擅长和欣赏的是辞赋，他觉得李白的诗歌俗气，上不了台面，这明显属于专业不对口嘛。同时也觉得李白过于狂放了。

幸好，李白还是那个李白，没有因为这几次挫折就怀疑自己的能力，挫折反而激发了他心中的少年豪情与傲气，他就此写下了一首流传千古的诗——《上李邕》：

　　　　大鹏一日同风起，抟摇直上九万里。
　　　　假令风歇时下来，犹能簸却沧溟水。
　　　　世人见我恒殊调，闻余大言皆冷笑。
　　　　宣父犹能畏后生，丈夫未可轻年少。

　　抟（tuán）：凭借，也作"扶"。

　　大鹏总有一日会乘风而起，扶摇直上九万里云霄。即使风停降落，也能掀起海中的波涛。世人见我喜欢发奇谈怪论，听了我的豪言壮语都冷笑不已。孔圣人还说后生可畏，大丈夫可不能轻视年轻人啊！

简单来说，这首诗就是告诉李邕："别因为我年轻就看不起我，我就是那志向远大的大鹏，孔圣人都不敢像你们一样这么小瞧人，你们就别瞎笑了！"这首诗厉害就厉害在，表面上看，诗句没有一个字表达了对李邕的不敬，但其实意思全是对李邕的不服气。而且诗中引经据典，头头是道的，还请来了庄子和孔子给他撑腰，让人不得不佩服。所以就连李邕听了，也并未生气，多年以后还和李白成了朋友。不得不说，李白少年郎，怼人有点强啊。

可是，别看李白表面这么硬气，接连几次求职失败，他心里其实还是有些受伤的。于是，他决定先回趟老家，疗疗伤。老家毕竟是个小地方，人们见识比较少，他们看李白二十来岁的人了，常年在外漂着，既不去考取功名又不找对象，都觉得很奇怪，经常三三两两地在一起议论他，害得李白白天都不敢出门。经过父亲的开导，李白决定重新回到大匡山读书，继续深造，待学业精熟后，再出来找工作。他相信，少则三年五年，多则十年八年，他肯定能够遇到明主，也一定能够干出一番大事业。

时间一晃过去了三年，李白认为自身修炼到位，硕士研究生也该毕业了，应该可以去更广阔的天地闯闯了。于是，在开元十二年（724年），二十四岁的李白

腰佩一柄长剑，手牵一匹骏马，衣袂飘飘，风度翩翩，俊逸潇洒地下山了。这个造型放在今天的电视剧里，可是要自带背景音乐、成为万人迷的。

不过在"仗剑去国，辞亲远游"之前，李白决定先去重访一些故地。在峨眉山上，他遇到了前辈诗人陈子昂的一位朋友——高僧怀一长老。大家或许对陈子昂这个名字感到有些陌生，但是一提到**"前不见古人，后不见来者"**这句诗就会恍然大悟，这就是陈子昂的千古名句。陈子昂跟李白还是老乡，他为人刚直正义，在武则天掌权时期，经常揭露一些权贵的不法行为。权贵们对他怀恨在心，疯狂报复他，不仅害得他丢官去职，还把他诬告下狱，让他冤死在了狱中。

　　李白自己也是一个疾恶如仇的人，听了老乡陈子昂的事迹，对他佩服得五体投地，对这位前辈的才华也很是服气。怀一长老见李白这个小伙子才气逼人，人也挺真诚，就把自己珍藏多年的陈子昂文集——《陈拾遗集》拿出来送给了李白，希望他成为陈子昂的传人。李白得到了这么珍贵的诗集，自然高兴得不得了，就抓紧时间研读起来。陈子昂慷慨刚烈的诗歌风格后来也深深地影响了李白的创作。

小伙子，看你骨骼清奇，是万中无一的写诗天才，我把这本秘籍传给你。

陈子昂写诗秘籍

完成了故地重游之旅，李白准备正式开始勇闯天涯。离开峨眉山时，是一个静谧的夜晚。月光皎洁，很美但也显得有些孤单，李白坐在船里，仰望着月亮，他有感而发，即兴咏出了一首名作《峨眉山月歌》：

峨眉山月半轮秋，影入平羌江水流。
夜发清溪向三峡，思君不见下渝州。

平羌（qiāng）：即平羌江，岷江的一段的古称。

峨眉山上悬挂着半轮秋月，明月的影子倒映在平羌江上。夜间乘船出发，离开清溪直奔三峡。想你们却不能相见，我只能恋恋不舍地流向渝州。

　　这首诗语言浅显，音韵流畅，意境优美，自然天成，抒发了李白对亲友、对家乡的留恋之情。但是，总不能因为舍不得离开就打道回府吧？那样就太没出息了。李白还是毅然向东出发了，他一路经过渝州、夔（kuí）州等地，直下三峡，随后到了湖北荆门。此时，李白算是真正离开了西蜀，离开了家乡，踏上了闯荡外面世界的路。于是，李白又写了一首《渡荆门送别》，算是向亲人、向家乡道别：

渡远荆门外，来从楚国游。
山随平野尽，江入大荒流。
月下飞天镜，云生结海楼。
仍怜故乡水，万里送行舟。

我乘舟渡江到了遥远的荆门外，来到战国时期楚国的境内游历。高山慢慢隐去，平野缓缓舒展，江水悠悠仿佛流进广阔的田野。江中的月影好像天上飞来的明镜，空中的彩云结成瑰丽的海市蜃楼。但我还是更迷恋故乡的江水，它像亲人一样陪伴着我行舟万里。

看来看去，还是觉得家乡最好看！

　　离开荆门，李白的船摇摇晃晃地来到了荆州。大概是几位长老的教导让他对佛家经书产生了很大的兴趣，李白一到荆州，就去了黄梅县蔡山顶上的江心寺（今名蔡山寺）。这个寺院后面有一座很高的藏经楼，李白怎么会错过？他连夜就爬了上去。楼上的景色很美，星光闪烁，令人心旷神怡。此情此景，让李白吟出了一首《夜宿山寺》：

危楼高百尺，手可摘星辰。
不敢高声语，恐惊天上人。

山上的寺院真高啊，有一百尺吧，人在楼上仿佛一伸手就能够摘到天上的星星。站在这里，我不敢大声说话，就怕惊动天上的神仙。

这首诗通俗易懂，但字字惊人，堪称绝世佳作。摘星辰、惊天人，展现了李白如孩子般天真的一面。他用夸张的手法，极致地表现了自己在高处的愉悦与豪放。

逛完江心寺，李白又去了荆州首府江陵。江陵是一座拥有悠久历史的古城，它的前身是春秋战国时期楚国的都城"郢都"，这里有楚灵王一千多年前修建的章华宫。不过，李白消息不灵通，不知道这时章华宫早就只剩下个遗址了。

江陵这么大，怎么可能只有一个章华宫吸引人呢？李白记得在江陵的天台山，住着一位80多岁的道家领袖——司马承祯（zhēn）。他还有另外一个牛哄哄的身份——当今皇帝修道的老师。在大匡山的时候，李白就听说过司马承祯的大名，一直很想去见见，这次好不容易来到江陵，当然不能错过机会，于是他兴高采烈地去登门拜访了。李白似乎跟出家人特别投缘，巧的是这位老道士也特别欣赏他，认为他不是个普通人，夸他"有仙风道骨，可与神游八极之表"。

这个夸奖可以说是极高了，李白听了心里美滋滋的，回去路上都还在偷着乐，越想越开心，半天都平静不下来，就写了一篇《大鹏赋》来记录这次与司马承祯的会面。在诗中他把司马承祯比作大鹏鸟，把自己比作和大鹏心灵相通的鸟，表达了自己内心强烈的豪情壮志和远大抱负。

我也是那大鹏鸟。

接下来，李白又游历了江夏等地，还去了著名景点**黄鹤楼**"打卡"。黄鹤楼自古享有"天下江山第一楼"和"天下绝景"的美称，在唐代诗坛还流传着这么一句话："平生不登黄鹤楼，就称诗人也枉然。"

在黄鹤楼，李白本来也想题首诗，结果发现，比他小三岁的诗人崔颢已经在楼上写下一首七律《黄鹤楼》。他对崔颢的这首诗很是赞赏，特别是对"**晴川历历汉阳树，芳草萋萋鹦鹉洲**"一句赞叹不已，认为自己再写一首也不会比崔颢的好，于是就放下笔，说了句"**眼前有景道不得，崔颢题诗在上头**"，打消了题诗的念头。然而，没想到他这两句自谦的话，也流传很广，跟崔颢的诗一样，成为黄鹤楼最好的宣传广告。

离开黄鹤楼之后，李白本来打算逆着湘江南下，和驴友吴指南一起去永州看看舜帝的陵墓。可惜的是，两人才刚到巴陵（今湖南岳阳），一直体弱多病的吴指南不幸染上了重病。李白为了这个朋友到处求医问药，钱都花光了，最终还是没能把人救回来。

好友的突然离世，给了李白自离开家乡以来的第一个打击。外出闯荡不容易，难得找到一个志同道合的朋友，却只能相伴这么短的时光。这种悲痛惋惜的情绪难以排解，他只能大哭一场，久久地守在好友的遗体旁。

据李白自己回忆，当时他们还引来了一只凶猛的大老虎，这老虎对着吴指南的遗体虎视眈眈，幸好李白从小就练过剑法，拔出剑来唬住了老虎，这才逃过一劫。路有猛虎，加上天气炎热，必须让吴指南早点下葬才行，然而，李白一摸口袋，旅费已经空空如也，安葬费都没有。

　　怎么办呢？除了哭也没有其他办法。打那儿经过的路人一看，一个年轻的小伙子哭成这样，就纷纷走上前去安慰。李白放下面子哀求："各位，行行好，我同伴过世了，没钱安葬，请大家发发善心吧，我今后一定找机会报答大家。"

　　男儿有泪不轻弹啊，大家见李白哭成这样，纷纷动了恻隐之心，就你一个铜板我一个铜板地凑钱。就这样通过"众筹"，李白才将吴指南简单地安葬了。

两个人的旅程，走着走着就只剩一个人了，李白当然伤心。这么伤心的李白，哪还有心思找舜帝的陵墓呢，只得在洞庭湖边告别好友的墓，乘上小船，摇摇晃晃地转向东走，准备顺长江而下。

这一路上，也许是经历的事儿比较多，情绪起伏比较大，李白的诗兴一下起来了，诗歌产量也迅速提升。他在乘船往东的路上经过安徽当涂时，看到了横在长江上的天门山，就写了一首诗《望天门山》：

天门中断楚江开，碧水东流至此回。

两岸青山相对出，孤帆一片日边来。

楚江把天门山从中间冲断开，向东奔流的江水到这里折回。两岸的青山隔江相立，一叶孤舟从太阳升起的地方驶来。

这首诗充分显示了李白豪放开阔的诗风。

开元十三年（725年）秋天，李白终于来到了向往已久的六朝古都——金陵（今江苏南京）。估计是当时金陵已没有往日的繁华，且李白在那里过得并不如意，所以没待多久，就去了扬州。

　　由于地处大运河的关键位置，扬州变成了唐朝数一数二的大都市，算得上当时的网红城市了，很多文人都到扬州打过卡。那里富商云集，大家都出手阔绰，日子过得很是奢靡。李白也不例外，自上次身无分文后，家里给他寄来一大笔钱。他在扬州的这段时间挥金如土，过了一段纸醉金迷的日子。他还经常拿钱接济朋友。钱再多也经不起这么花，一来二去的，他口袋里就没剩几个铜板了。

尽管手上没钱了，"浪"习惯了的李白还是继续去其他地方游历。穷游的日子不好过，省吃俭用的时间一长，各种毛病就找上来了。这不，由于一路上吃的睡的都不咋样，李白的身体一下遭不住，在返回扬州的路上感染上了风寒。

　　风寒其实就是我们如今所说的感冒，在现在看来这不过是个小毛病，但是在医疗水平不发达的古代，小小的感冒也是可以要人命的。

　　难道一代"诗仙"就要领盒饭了吗？不应该啊，他可是有主角光环护体的。要知道李白的"迷弟"可不少呢，这不，很快就有一个被李白称作"孟少府"的人挺身而出，给李白请了位好医生，让李白的病情慢慢有了好转。

小贴士

　　这个"孟少府"应该是扬州城里一位姓孟的县尉（县尉又称少府，大致是主管一县治安的低级官员），算是李白的恩人，李白在很多诗里提到他，可惜的是他没有留下全名。

小白，乖，把药喝了。

　　尽管身体在慢慢恢复，不过，老是这样躺在驿馆里休养，对李白来说既孤独又无聊。一晃自己离开家快三年了，他开始思念起远在千里之外的故乡四川和亲人来，特别是在夜深人静的晚上。

　　有一天，他慵懒地推开窗户，如水的月光洒进来，照到了地板上。他仰头一看，天上正悬着一轮圆月，那皎洁如玉的月亮似乎也正在看着他，仿佛是父亲母亲的眼睛。哦，也许此刻，远在家乡的父母也跟我一样，正在仰头看着这轮圆月吧？虽然我们看到的是同一个月亮，但彼此之间却相隔千里，不知何时才能见面……

　　想到这里，李白默默低头，眼里不觉流出两行泪水……于是，一首千古传诵的《静夜思》就这样诞生了：

床前明月光，疑是地上霜。
举头望明月，低头思故乡。

明亮的月光洒了进来，仿佛给地上染上了一层白霜。我抬头望着天上的明月，低头思念远方的故乡。

这首诗，用词非常浅显，却十分能打动人心，可以说是直接击中了所有出行在外、惦记着家乡的游子的心。

第三章
娶妻成家

虽然想家，但总不能就这么两手空空地打道回府啊，离家之前可是跟大家吹了牛的，要"济苍生、安社稷"。既然不能回家，先在这里成个家也是不错的选择，李白这么想着。

不得不说，这个孟少府可真是个好人，不仅请大夫给李白治病，还给他介绍了个对象，是一位家住安州（今湖北安陆）的姓许人家的姑娘。许小姐家世很不简单，她的爷爷叫许圉（yǔ）师，是唐高宗时的宰相，许家可以说是当地的高门大族。

不过也许正因为有这么优越的条件，许小姐很难找到称心如意的对象，直到25岁了还没有出嫁。

听了孟少府的介绍，一开始，李白是拒绝的，很谦虚地表示自己现在什么都不是，只怕高攀不上。其实，李白是因为心气高、面子薄，担心别人说他靠老婆。

孟少府也不客气，直言相劝道："小白啊，你现在什么都没有，空有一身才华。这个许家小姐呢，什么都不缺，就缺个如意郎君。你们这不正是天造地设的一对吗？"李白心想孟少府说的也有几分道理，不再推脱，就答应了。

他本来想直接到安州去见见自己的未来老婆，但转念一想，自己还不知道许家小姐长得什么样、性格如何，还有，未来的老丈人喜不喜欢自己呢？

想到这里，李白决定先转道去襄阳，找另一个人征求一下意见，这个人就是大名鼎鼎的诗人孟浩然。

孟浩然年长李白十来岁，当时已经名满天下，遗憾的是因为不小心得罪了玄宗皇帝，一直没官做，只得隐居襄阳。孟浩然也对李白早有耳闻，很是欣赏这个小兄弟，两人虽没有见过面，却神交已久，如今相见恨晚，很快成了知己朋友。

李白还把自己的"婚前恐惧症"跟孟浩然坦白了。没想到，孟浩然对李白入赘许家这件事举双手赞成。偶像兼大哥的话果然分量不小，终于让李白吃了颗定心丸，他决定立即前往安州，去许家完婚。

到了安州，见到许家小姐后，李白心中暗自庆幸，果然是位又漂亮又知理的姑娘，心里的石头终于落了地。

　　许家小姐对李白自然也很满意，眼前的这位男子年轻帅气，风度翩翩，气度不凡。不光许家小姐满意，许家老爷也很满意。小伙子一表人才，今后肯定前途无量啊。因此，许家上下都对李白寄予了很高的期望。

　　于是，李白在27岁这年，和许小姐顺利完成了婚礼，正式成了许家的上门女婿。

新婚之后，夫妻二人夫唱妇随，生活过得有滋有味。不过李白可不是那种娶了媳妇就忘了朋友的人。他心里老是放不下那位和自己一起游历、不幸病死途中的吴指南。如今自己有佳人相伴，幸福美满，而老朋友却还孤零零地躺在洞庭湖边冰冷的坟墓里，李白心里的愧疚之感愈发浓烈，好几次半夜都睡不着觉。

告诉我，还有谁让你这么放心不下？

为了能让自己心安，李白决定亲自去洞庭湖边为吴指南迁葬。

不久后，李白毅然告别妻子和温暖的家，前往巴陵，找到了吴指南的初葬处。他原想将吴指南的棺材迁往四川老家安葬，无奈实在是路途遥远，且须坐船逆江而上，耗时太久，根本不现实。李白只得选择将吴指南迁葬到鄂城（今湖北鄂州）的东郊。

兄弟，抱歉，这次不能带你回家了！

　　终于了却了一桩心事，李白就准备回安州了。路上经过江夏（在今湖北武汉）时，又正好碰到了准备去扬州旅游的孟浩然。老哥俩在这里不期而遇，这可是上天给的机会，不好好聚聚，都对不起这缘分。这不，两人就天天黏在一起，东游西逛，吟诗作对，好不快活。他俩一直待到这年春天快要结束，才不得不各自启程，依依惜别。在黄鹤楼的码头前，李白把孟浩然送上了东下的帆船。船开了好久，李白还伫立在岸边远眺。望着逐渐远去消失的帆影，李白吟出了那首著名的《黄鹤楼送孟浩然之广陵》：

故人西辞黄鹤楼，烟花三月下扬州。
孤帆远影碧空尽，唯见长江天际流。

老朋友和我在黄鹤楼告别，他要在繁花似锦的阳春三月顺流东下前往扬州。那孤帆渐渐消失在蓝天的尽头，只剩下浩荡的长江水奔向天边。

船儿啊，你慢些走慢些走啊，我还想和孟兄再喝个够……

这首诗的前两句用开阔的笔调写出了送别时的场景，让人仿佛身临其境；后两句含蓄地表现了李白远眺帆影、依依不舍的状态。真是让人动容啊！

🧑‍🎤 **小贴士**

"春眠不觉晓，处处闻啼鸟。夜来风雨声，花落知多少。"熟悉吗？这就是孟浩然流传最广的诗歌。

李白的另一首送别诗《送友人》，也同样让人动容：

青山横北郭，白水绕东城。

此地一为别，孤蓬万里征。

浮云游子意，落日故人情。

挥手自兹去，萧萧班马鸣。

青山横卧在城墙北边，清澈的流水环绕在城的东边。我们在这里相互道别，你就像蓬草那样随风飘扬，飘到万里之外的地方。天上的浮云四处游荡，就像远行的游子一样，夕阳慢慢落下，似乎还有些不舍和留恋。我们挥挥手就此分别，朋友骑的那匹即将远行的马，我仿佛听到了它萧萧的长鸣，像是在传达不舍离去的心情。

这首诗情意深长，通过渲染环境和气氛，表达出浓厚的依依惜别之意。由此可见，写诗的时候，**氛围感**十分重要啊！

李白送走了孟浩然后，立即就马不停蹄地回家陪妻子去了。回家没多久，另一位好友元丹丘来拜访他。对于元丹丘这个名字，前面提到过的，他是李白在戴天山学习时结识的道士朋友，在李白的诗歌里面多次"客串"。

李白对朋友素来热情，就很高兴地邀请元丹丘一起出去喝酒。两人狂欢了整整一夜，直到第二天早上，李白还迷糊着。我们现在都知道，酒后不能开车，李白就犯了这个错误。咋回事呢？原来，那天早上，他在酒店跟元丹丘分别后，摇摇晃晃地骑上马回家，结果在路上出了"车祸"，他的马直接冲进了安州长史李京之的车队。

这一下可就坏事儿了。在唐朝，长史是个相当于副市长的官。不小心冲撞了长史大人的车驾，本来这事儿也可大可小。一般气度稍微大点的人，给他道个歉就算过去了。偏偏这个李京之是个小心眼儿，就是不肯放过李白，硬说他目无尊长，故意想撞死他。

撞上这么个人还能咋办呢？李白只能自认倒霉了。低头赔礼道歉还不行，李京之还要李白写一封亲笔道歉信，并听候发落。

大家可能会问，这李京之咋这么小题大做呢？还不是因为李白太优秀了，让他嫉妒了。

　　这可不是瞎说的。不久前，由于许家的关系，李白参加了安州官方组织的一次文人宴会。当时的安州都督姓马，听说了李白的才名，就在宴席上推荐李白写篇文章来纪念这次聚会。这当然难不倒李白，他当场提笔挥毫，很快就把文章写好了。马都督拿来一看，瞬间就被惊到了，连连夸奖李白为奇才。

　　这本是件好事，然而，只怪这个马都督说话过于直白，你看，他是这么夸李白的："其他人的文章，就像

山上没有烟霞，春天不长草树，简直看不得。唯有小白的文章，豪迈奔放，每一句都写得非常动人。"（**诸人之文，犹山无烟霞，春无草树。李白之文，清雄奔放，名章俊语，络绎间起，光明洞澈，句句动人。——《上安州裴长史书》**）

你说这个马都督，你夸李白夸就好了，干吗要顺带踩其他人呢？这下好了，这顿猛夸不仅没有为李白赢得朋友，反而给他招来了一群敌人。其中就有这个李京之。

李京之不仅嫉妒李白的才华，更担心李白要是得了马都督的推荐，会威胁到他自己的官位。这次李白落到他手里了，他怎会轻易放过？

碰上这么个睚眦（yá zì）必报的人，李白也无可奈何。他原本还想找岳父帮忙摆平这件事，但是，这时他的妻子已经怀孕了，李白不想惊动他们。

于是，他只好强忍怒火，写了一篇《上安州李长史书》的长文，郑重地向李京之道歉。

这李京之呢，小算盘打得可快了，立马将李白写的"认罪书"连同自己打的小报告一起交给了马都督。

马都督确实有举荐李白的想法，但一看到李白的"认罪书"后，就打消了这个念头，可能也是嫌李白这个小青年还不够稳重吧。

总之，本来一只脚已经跨进官场的李白，因为喝酒误事加上遭小人嫉妒，就这样错失了一个大好的机会。

李白郁闷啊，自己太优秀了也有错，这李京之实在太小心眼了！而且，更让李白气愤的是，李京之不久后还升了官！这朝廷真是有眼无珠、好坏不分、黑白颠倒！李白气得不行，就和妻子商量，一个人去安州西北三十里外的白兆山桃花岩隐居一段时间，暂时离开这是非之地，好好地静一静。

但是，隐居也没办法让李白平静下来，他现在时刻想的是如何才能实现自己的远大抱负，可不是在这山上闲着。

不过还好，在李白感觉心寒的时候，老天给他送来了一件"贴心小棉袄"——他的女儿出生了。女儿的出生把李白官场失意的阴霾一扫而光，他马上动身回家看望妻子和女儿，并郑重地给女儿取名为平阳。这可是与唐高祖李渊的女儿平阳公主同名，足见李白对这个女儿的喜爱。

俗话说好事成双，女儿出生算一件好事，这第二件好事也马上就来了——李长史和马都督都调到其他地方做官去了。这意味着什么？这意味着李白仕途中的两块绊脚石都被搬走了啊！而且，新来的领导裴长史心胸宽广，礼贤下士，非常尊重人才。李白觉得自己的伯乐终于来了，于是，只要是裴长史叫自己参加的聚会，李白都会屁颠屁颠地跟着去。

做小跟班跑了这么多回，总不能什么都捞不着啊。正所谓是金子总会发光的，一块巨大的金子在裴长史面前晃来晃去，他咋可能注意不到呢？更何况这块金子还主动递上过几篇诗赋。

李白信心满满，心想这次肯定是稳了。可是没想到，还是有嫉妒李白的小人，将他曾醉酒骑马冲撞李京之一事，告诉了裴长史。裴长史一听，顿时觉得李白不是个省心的主儿，还是别给自己惹麻烦为好。

于是，举荐李白的事就又被搁置了下来。李白一看这个情况可不对啊，难不成又被"放鸽子"了？到底还是不死心，李白决心再试一试，就写了一篇《上安州裴长史书》。

在这封书信里，他把自己的家世、学历、志向等说得一清二楚，还拍了裴长史不少马屁，末尾还特别委屈地说，如果裴长史不能给他一个机会的话，他就只能离开安州了。

　　本来写这封信是个挽回局面的好招，但李白自己不争气啊，在信递上去之后不久，又发生了他"犯夜"的事。古代晚上实行"宵禁"，老百姓在夜里不能随意外出，城门也会关闭。如果硬闯城门，就叫作"犯夜"，是个不小的罪名。

　　李白有天外出喝酒喝多了，回城晚了，冲撞了城门。这件事经过一些小人的添油加醋，传到裴长史那里，就变成了李白在外喝酒赌钱，还无视法纪！这样一来，举荐之事自然也就黄了。没办法，李白只好带着不平与悔恨，离开安州，前往长安再寻发展。

喝酒不开车，开车不喝酒

第四章
长安求仕

安州的郁闷经历显然无法阻挡李白前进的脚步。开元十八年（730年），李白告别妻女，千里迢迢去往首都长安，寻找新的机会，成了"西漂"大军的一员。

西漂一族

他风尘仆仆地来到了长安城东的骊山脚下，远远地就望见了威武的长安城楼和雄伟的宫廷建筑。李白不禁感慨：长安不愧是首都啊，连背影都这么迷人！

纪念第一次到达长安

　　虽然此时李白三十岁了，但他还是怀着如少年时的满腔热血进入了长安。长安算得上是李白的"梦中情城"了。

　　在李白眼里，长安的天空比别处蓝，长安的太阳好像也比别处温暖，长安的道路也特别平坦宽广。最让李白羡慕的是往来于朱雀大街上的那些朝廷大员们，这些人身着各色官服，一个个看着威风得意。他不禁原地做起了白日梦，梦想着自己有一天也能成为其中的一员，到那时他一定会好好地辅佐皇帝，建功立业，名垂青史。

不过白日梦终究是白日梦，作为一个外地人，李白第一次来到长安，一时半会儿还找不到举荐他的人。加上在长安生活成本太高，有点负担不起，于是李白决定先去终南山暂住一段时间。

当然，李白住到终南山，不仅仅因为那里消费更低，还有一个更重要的原因。终南山在长安的南面，又名太乙山，是秦岭诸山之一，风景优美，气候宜人，离首都长安又近。因此，自汉代起，这里就是贵族文人们休闲娱乐常去的地方。

　　唐朝的皇帝也喜欢终南山，经常到这里来避暑，以至于后来很多文人墨客觉得住在这里就有机会遇到皇帝，他们都把隐居终南山当作觐见皇帝、等待召见的一个捷径。有个成语叫作"终南捷径"，就是这么来的。所以，李白最主要的目的也是希望能在这儿碰上皇帝，至少是碰上一个能把他引荐给皇帝的人。

这次李白的运气不错，来终南山不久后，他就结识了一个叫崔宗之的人。崔宗之出身名门望族博陵崔氏，当时在尚书省任职。他非常欣赏李白的才华，很乐意帮他推荐。在崔宗之的引荐下，李白又认识了另一个来头更大的人——张垍（jì）。这个张垍是当朝宰相张说的儿子，玄宗皇帝的女儿宁亲公主的驸马。如果张垍愿意向皇帝举荐，李白要个官当自然就容易得很了。

你就是李白？说吧，想要啥职位尽管提！

　　可惜的是，这张垍也和前面说过的李京之一样，是个心胸狭隘的人，而且还挺会伪装，表面上和李白称兄道弟，喝酒吟诗，好得像穿一条裤子。实际上他心底里很嫉妒李白的才华，担心李白一旦发迹，会威胁到自己的地位，一直在暗中盘算着怎么把李白赶走。

这李白的才华怎么能超过我？我得想个法子把他赶走！

　　张垍盘算来盘算去，还真让他想到个馊主意。他假惺惺地给李白指了条"明路"，让李白到玄宗皇帝的妹妹玉真公主的终南山别馆去做客。

　　听说能见到公主，李白当然兴冲冲地去了。可一到那里，李白就傻眼了。这哪里是什么公主别馆啊？园子里到处挂满蜘蛛网，明显就荒废很久了。要是明眼人肯定当场就打道回府了，但李白的眼睛却不怎么"明"。他坚信自己的好兄弟不会骗他，就孤零零地在下着大雨的园子里干等，一等就是十来天。可是，除了每天有一个老头来给李白送点吃的之外，其他一个人影都看不到。李白也纳闷啊，可是，他始终不相信这是张垍故意戏耍他，自己在心里给张垍找了很多理由，还给张垍写了两首诗——《玉真公主别馆苦雨赠卫尉张卿二首》寄过去。

　　诗寄走之后，李白一直没有收到张垍的回信，这才相信自己是被骗了。李白心里气啊，他原本以为张垍是真心想为自己引荐，结果自己在人家眼里不过是个小丑！可是，生气又能拿别人怎么办呢？就这样，李白的终南捷径最终没能走通，连带让他对长安也心生绝望。

他想既然在长安没有出路，那我转移阵地还不行嘛。于是，李白决定离开长安出去碰碰运气。他来到邠（bīn）州（今陕西彬州）。邠州长史李粲听了李白的遭遇，十分同情，留李白在他府里做个门客，算是给他安排一份临时工作。虽然在这里不愁吃也不愁穿，可李白的志向不在此，给人打杂哪里能实现他的抱负呢？没多久，李白就向李粲提出了辞职。

每天吃吃喝喝打打杂真的是我想要的吗？

李粲心里也清楚，自己这池子水太浅，留不住李白这条大鱼，但又实在担心他的前途，就推荐他到坊州（今陕西黄陵）司马王嵩那里找找机会，希望李白能够在那里得到一些建功立业的机会。

然而李白万万没想到，到了坊州，他得到的仍然是个打杂的差事。这位王司马虽然也十分热情地款待了李白，但他更喜欢把李白和一个叫阎正字的文人叫来一起喝酒、娱乐，而不是让他帮忙处理政事、军务。

李白为了表达他对王司马的感谢之情，写了首《酬坊州王司马与阁正字对雪见赠》，拍了拍这两人的马屁，顺便表达了自己想要干点正事的想法。

然而，王司马很不解风情，读完李白的诗，还以为李白是缺钱了，想讨些银两，就大方地给李白发了几锭银子。这样一来，李白就尴尬了，他本不是这个意思，又不能驳"老板"的面子，只能无奈地收下这些钱。

不久，李白便满怀感慨地写下了《留别王司马嵩》一诗，前几句是："**鲁连卖谈笑，岂是顾千金。陶朱虽相越，本有五湖心。**"鲁连指战国末期的鲁仲连，他曾经在谈笑间说退几十万秦军，救了赵国。赵国平原君拿出千金作为答谢，他却拒绝了。陶朱指的是春秋末期越王勾践的大臣范蠡，他在帮助勾践打败吴国后，就退出政坛改去经商，后来成为巨富。李白拿这两人自比，说明自己并不是为了钱财。

这王司马虽然热情，但显然对李白的事业也没有什么帮助。于是李白思来想去，还是决定和王司马说拜拜，回到终南山继续隐居。

虽然人在终南山上住着，李白的心却始终挂在长安。他时时关注着长安的动态，还常常出入长安城。可是，经历了这么多的挫折和失望，如今他再见长安，视角已经有所不同了。第一次见长安，他看到的都是灯红酒绿，繁华无限，如今他看到的是繁华背后的腐朽和堕落。长安已经不是原来那个长安，朝廷也不再是他曾经那么向往的那个朝廷了。

朝廷咋变成这样了啊？难道我要放弃梦想回家赋闲吗？

然而，令他痛苦的是，即便他看到了长安城里隐藏的危机，他也找不到机会来改变它。李白顿时觉得自己的梦想好像变得遥不可及，于是，他作了《行路难》三首，将追求理想却始终找不到出路的痛苦发泄了出来。

行路难（其一）

金樽清酒斗十千，玉盘珍羞直万钱。

停杯投箸不能食，拔剑四顾心茫然。

欲渡黄河冰塞川，将登太行雪满山。

闲来垂钓碧溪上，忽复乘舟梦日边。

行路难，行路难，多歧路，今安在？

长风破浪会有时，直挂云帆济沧海。

金樽（zūn）：金酒杯。羞：同"馐"，美味的食物。投箸：扔掉筷子。垂钓碧溪：传说姜太公曾在渭水垂钓，后遇周文王，被重用。乘舟梦日：传说商朝伊尹在受商汤重用之前，曾梦见乘船经过太阳旁边。

金杯中盛着昂贵的美酒，玉盘里摆满美味的食物。我停杯扔筷吃不下，拔出宝剑四下望，心里一片茫然。想要渡过黄河，然而寒冰冻结了河面；想要登上太行山，但是莽莽的风雪早已封山。闲来垂钓，希望有姜太公的机遇；又想象是伊尹，梦见乘船经过太阳的旁边。人生的道路多么艰难，多么艰难！岔路这么多，我的路如今又在哪里？相信总会有一天，我能乘长风破巨浪，高挂云帆渡过茫茫大海。

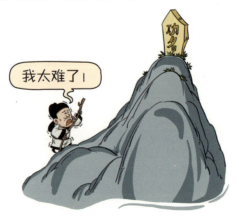

这回李白确实是有些灰心了，他决定离开长安。好友陆调等人听了这个消息，赶忙跑来请李白吃了顿散伙饭，席上还给他弹了首《古蜀道难》的曲子，既是送别，也是挽留。这首曲子很好听，美中不足的是还没有配得上的歌词，没法唱出来。

哼……哼……这首歌真好听，可惜没歌词呀，只能这样哼哼！干脆我来给它填个词吧。

这个想法和好友不谋而合，于是，李白一边回味着古朴的琴曲，一边想象着古蜀道的艰难险阻，同时又联想到自己这些日子让人郁闷的遭遇，越想越激动，他的求仕之路不就和这艰难的"蜀道"一样曲折吗？

哎，不正好可以把我的倒霉事儿都写成歌词吗？

于是，他灵感乍现，"唰唰唰"写下了千古名篇《蜀道难》：

噫吁嚱（xī），危乎高哉！**蜀道之难，难于上青天！**蚕丛及鱼凫（fú），开国何茫然！尔来四万八千岁，不与秦塞通人烟。西当太白有鸟道，可以横绝峨眉巅。地崩山摧壮士死，然后天梯石栈相钩连。上有六龙回日之高标，下有冲波逆折之回川。黄鹤之飞尚不得过，猿猱（náo）欲度愁攀援。青泥何盘盘，百步九折萦岩峦。扪（mén）参（shēn）历井仰胁息，以手抚膺（yīng）坐长叹。

问君西游何时还？畏途巉（chán）岩不可攀。但见悲鸟号古木，雄飞雌从绕林间。又闻子规啼夜月，愁空山。蜀道之难，难于上青天，使人听此凋朱颜！连峰去天不盈尺，枯松倒挂倚绝壁。飞湍（tuān）瀑流争喧豗（huī），砯（pīng）崖转石万壑雷。其险也如此，嗟尔远道之人胡为乎来哉！

剑阁峥嵘而崔嵬（wéi），**一夫当关，万夫莫开**。所守或匪亲，化为狼与豺。朝避猛虎，夕避长蛇，磨牙吮血，杀人如麻。锦城虽云乐，不如早还家。蜀道之难，难于上青天，侧身西望长咨嗟！

噫，哎呀，好高啊好险啊！攀登蜀道之难，难于上青天啊！传说中的蚕丛和鱼凫，他们开国的事业何等渺茫遥远！从那时以来已四万八千年，不跟秦地互相往来。在太白山之西有一条只有鸟才能飞过的山道，可以越过峨眉山顶。多少壮士在地裂山崩中死去，然后才有一条天梯似的栈道互相连通。上有那驾着六龙的太阳车也要回头的高峰，下有冲波激浪、曲折回旋的河川。高飞的黄鹤也不能过去，猿猴要过也苦于无法攀缘。青泥岭上的路曲折盘旋，百步之内竟有九道弯环绕着山峦。似乎伸手可及参宿和井宿，仰首望天，紧张得屏住呼吸，手抚胸口坐下来长叹。

请问你，入蜀西行何时回来？可怕的蜀道和险峻的岩石不能攀登。只听见鸟儿在古树上哀号，雌的跟着雄的飞绕在林间。又听见杜鹃在月下悲啼，愁情填满空山。攀登蜀道之难，难于上青天，让人听到这话也会变了脸色！连着的山峰离天还不到一尺，干枯的松枝倒挂着贴在悬岩上。激流和瀑布争相发出轰鸣巨响，冲撞山岩，翻滚巨石，好似万谷雷鸣。蜀道如此艰险，可叹你这远道而来的人为什么要来啊！

剑门关巍峨高耸，一人守关，千军万马都无法攻破。把关的人若不是亲信，反而会成为祸患。早晚都要躲避猛虎和长蛇，它们磨牙吸血，杀人如麻。锦城虽说是欢乐所在之地，却也不如早早回家。攀登蜀道之难，难于上青天，侧身向西望去，禁不住长长地叹息！

这首诗可就厉害了，诗中的想象极为丰富，把蜀道的峥嵘、崎岖写得气势十足。看看，白鹤也飞不过，猿猴也爬不过，真是愁煞人也！这首诗是李白的经典之作，淋漓尽致地展现了他"诗仙"的风采。

我就想当个官，难道比登天还难吗？

第 五 章

干谒无门

这顿散伙饭就在李白和好友的共同创作中结束了。散席之后，李白就该考虑接下来往哪儿了。说实话，经历了这么多挫折打击，即便是铁打的人也需要休息调整一下啊。于是，李白决定暂时把找工作的事情放一放，先出去"浪一浪"再说。

他先是去了开封（今河南开封），后又到了宋城（今河南商丘）。听说老友元丹丘在嵩山隐居，嵩山又是当时的名山，就跑到老友那里玩了一段时间。

暮秋的时候，他回到了洛阳。

到了第二年春天，也就是公元732年，李白32岁了。一天晚上，大概是因为初春，天气仍然有些寒冷，李白翻来覆去睡不着。突然听到窗外传来阵阵笛声，李白看着窗外，不禁思念起家乡来。于是，一首《春夜洛城闻笛》就这样诞生了：

谁家玉笛暗飞声，散入春风满洛城。
此夜曲中闻折柳，何人不起故园情。

是谁家的庭院传来阵阵悠扬的玉笛声？玉笛声融入这春风之中，飘到了洛阳古城的每一个角落。在这样的夜晚，身在异乡，听到《折杨柳》的乐曲，谁能不生出思念故乡的情感呢？

折柳，即《折杨柳》笛曲，乐府"鼓角横吹曲"调名，内容多写离情别绪。古人送别时折柳，盼望亲人归来也折柳。"柳"谐"留"音，故折柳送行表示离别情绪。

这首诗表达了李白听到笛声后泛起的思乡之情，引发了此后万千游子的强烈共鸣。

于是这年秋天，李白回到了安州的家中，全身心地享受和家人在一起的美好时光，将自己在外受的伤疗愈得七七八八。但是，男子汉大丈夫，终究还是要出去干一番事业的。

在这段"家里蹲"的时间里，李白偶然得知荆州的大都督府长史韩朝宗是个爱交朋友的人，喜欢举荐晚生后辈，是很多读书人心目中公认的"天使投资人"。在那些渴望上进的年轻人中间还流传着一句话："生不用封万户侯，但愿一识韩荆州。"这个小道消息把李白心中的那团快要熄灭的小火苗又给吹旺起来了。所谓近水楼台先得月，荆州离安州那么近，何不去找找韩朝宗呢？

即使是有求于人，李白那一身傲骨，也不肯把腰弯下来。他这样的性格又给他惹了祸。李白来到荆州首府襄阳（今湖北襄阳），专门跑去参加了一个当地名流的宴会。会上所有人都对着韩朝宗行跪拜礼，唯有李白只是拱了拱手。照理说这也没什么，按当时的规矩，除了在公堂上，老百姓面对官员是可以不下拜的。问题是这宴席上的人都拜了，你不拜就显得很不给面子了。韩朝宗的心胸还没那么宽广，很明显，他觉得李白这人很不上道，所以从头到尾都不愿意搭理他。

　　李白估计神经比较大条，根本没看出来，还在纳闷，为啥这个韩长官对其他人都挺客气，唯独对自己爱搭不理，难道自己的表现还不够突出吗？好不容易抛开老婆孩子，大老远地来一趟，难道就这么回去了？李白实在不死心，宴会过后，他又给韩朝宗写了封信，叫《与韩荆州书》。在信里他做了一番自我介绍，又对韩朝宗一顿猛夸，说他"制作侔（móu）神明，德行动天地，笔参造化，学究天人"。然而，马屁拍得再响，终究于事无补，韩朝宗一点儿反应都没有。李白这才明白，原来这次又是竹篮打水一场空。

　　天下伯乐那么多，我李白咋就一个也碰不到呢？
李白又郁闷了，可是郁闷有啥用？再待在这里也没意思
了，他只得又灰溜溜地离开襄阳。在离开前，在当地认
识的几个朋友来给李白践行。李白正郁闷着，宴会上的
酒又管够，他就借着这个机会将自己灌得烂醉如泥，想
以此消忧解愁，还写了首《襄阳歌》来发泄自己的悲愤
和失望。歌中写道："**鸬（lú）鹚（cí）杓（sháo），
鹦鹉杯。百年三万六千日，一日须倾三百杯。……清风
朗月不用一钱买，玉山自倒非人推。**"李白把自己心灰
意冷、狂饮大醉的状态写得淋漓尽致。

来……来……喝完这杯，再来一杯……

　　悲伤过了，失望过了，生活还得继续，34岁的李白再次回到了安州的家里，等待新的机会。尽管有家人相陪，但对于壮心不已的李白来说，这种等待也是一种煎熬。恰好这时有个叫元演的朋友送来一封信，邀请他去山西太原附近游历，而且还大方地为李白准备好了来去路上的车马费用。这下正中李白的下怀，在家里快要憋坏了，正好可以出去透透气，顺便找找机会，于是李白一口答应了下来。

老婆，晚上别做我的饭了啊……

那个时代没有汽车，没有高铁，更没有飞机，经过太行山上蜿蜒曲折的羊肠小道时，李白乘坐的唯一交通工具就是马车。那拉车的马，虽是"全时四驱"，却只有"一匹马力"，没有"无级变速"，更没有"涡轮增压"；那马拉的车，虽有"全景天窗"，却没有"充气轮胎"，没有"空气悬挂"，更没有"沙发座椅"。想想也知道，这样的旅途并不会太轻松。

师傅，还有多久到？

快了，快了，再有一个月差不多就到了。

好在这一路上的辛苦还是值得的。李白到太原后，被当作是极珍贵的客人，每天都有好酒好菜招待，还能经常和朋友一起出去游山玩水。而且，这里靠近边塞，人文风景与西蜀、江南都大不相同，李白每出去一次，都是一次全新的体验，再加上还有志同道合的文友相伴，实在是"美滴很"。

不过开心是开心了，梦想还没有着落呢！元演的父亲虽然是驻守边塞的将官，但毕竟只是一个偏远地方的小官，哪能对李白的仕途起到什么作用呢？再多的快乐也掩盖不了李白内心的落寞，他不由得思念起自己的老婆和孩子来。这么久没跟她们联系了，女儿平阳还小，老婆身体又不好，也不知道她们过得咋样。思念太深，李白有感而发，写出了**"思归若汾水，无日不悠悠"**（《太原早秋》）的诗句。

元演父子也看出李白很是想家了，但是他们太喜欢李白，舍不得放他走，就又带着他玩了一段日子。不过，喜欢归喜欢，总不能把人扣在这里，不让他回家见老婆孩子啊。最后，元演父子还是不得不和李白道别。临行前，父子俩送了他不少盘缠，还送了一件价值千金的狐裘大衣和一匹名贵的"五花马"。

也许是心灵相通吧，他在外总是担忧老婆孩子过得不好，回来一看，他的担忧是对的。就在他出游太原的这段时间，家里发生了大变故，老婆孩子被赶出了原来住的大房子。一问才知道，她们这是被人欺负了。这也难怪，在那个男人当家作主的年代，李白扔下老婆孩子不管，落单的娘俩就跟软柿子一样，面对别人的欺压毫无还手之力。

老婆，你来顶一顶，我先歇会儿。

原来啊，自从许家老爷过世后，安州的一些地头蛇就盯上了许家的祖产。他们趁着李白当甩手掌柜的机会，耍了一些手段，想要强占许家的田地和房产。许氏是个从小养在深闺的千金小姐，哪里是这些土豪劣绅的对手？只好把田产都贱卖了，退到舂陵（今湖北枣阳）的东边安了一个简陋的家。李白回来后，看到家里竟然沦落到这种境地，心里既难过又自责。他入赘许家快十年了，一直没找到好工作，家里的生计靠这点祖产还能勉强维持，如今，祖产也被抢走了，家里一下断了生活来源。至此，李白"酒隐安陆，蹉跎十年"的生活就这样结束了。从今往后，他必须自己来撑起这个家了。

为了解决温饱问题，李白不得不低下高傲的头，向当时担任襄阳县尉的堂兄李皓求助，给他写了一首《赠从兄襄阳少府皓》的诗。在诗中，李白向堂兄描写了自己年轻时裘马轻狂的过往，委婉地表达了希望获得接济帮助的想法。李皓收到诗以后秒懂其意，给了李白很多资助。

还有一件让李白很开心的事，这年夏天，好友元丹丘给他写了一封信，信上说有一个叫作岑勋（cén xūn）的人，一直是李白的忠实"粉丝"，追随着偶像的脚步来到了元丹丘隐居的颍阳山居，邀请李白前往一见。

说起这位岑勋，来头还不小。他的太祖父是唐太宗时期的宰相岑文本，后世家族里还出过两任宰相。家世如此显赫，还对自己这么狂热，李白自然要跟这位"榜一大哥"单独开个"粉丝见面会"了。何况，李白现在家境贫困又频频受挫，来自这样的"铁粉"的支持简直就是雪中送炭，让李白心里舒服极了。就这样，李白便前往颖阳山居去见这位岑夫子。

李白李白，我们最爱！

两人一见如故，聊得特别投机。李白也没有偶像的架子，把"粉丝"岑勋当朋友，让他和老道友元丹丘平起平坐。元丹丘也不介意，三人志同道合，于是开怀畅饮，把酒言欢，不醉不休。气氛如此热烈，以至于让李白诗兴大发，写下了那首流芳千古的《将（qiāng）进酒》：

君不见黄河之水天上来，奔流到海不复回。君不见高堂明镜悲白发，朝如青丝暮成雪。人生得意须尽欢，莫使金樽空对月。**天生我材必有用，千金散尽还复来。**烹羊宰牛且为乐，会须一饮三百杯。

岑夫子，丹丘生，将进酒，杯莫停。与君歌一曲，请君为我倾耳听。钟鼓馔（zhuàn）玉不足贵，但愿长醉不愿醒。古来圣贤皆寂寞，惟有饮者留其名。陈王昔时宴平乐，斗酒十千恣欢谑（xuè）。主人何为言少钱，径须沽取对君酌（zhuó）。五花马、千金裘，呼儿将出换美酒，与尔同销万古愁。

你难道没有看到，那滔滔的黄河之水仿佛是从天上倾覆而下，滚滚东去，奔腾至海，永不复还。你难道没有看到，在那高堂之上，明镜中的人面对那一头白发深深悲叹，早晨还似青丝，到了傍晚便已如白雪一般。在人生得意的时候，就要尽情地享受欢乐，别让金杯无酒，空对着美好的月色。上天给了我雄才伟略，必然有它的用武之地，花光的千金仍会回到我身边。暂且沉浸在烹羊宰牛的快乐之中，痛快地喝上三百杯也不要嫌多。

岑勋啊，元丹丘啊，接着喝啊，不要停啊。我要为你们高歌一曲，请你们倾耳细听。吃着山珍海味的生活算不上珍贵，只希望可以喝个醉生梦死。自古以来，圣贤们都会被世人冷落，只有会喝酒的人才会留下千古美名。陈王曹植当年在平乐观摆下宴席，喝着名贵的酒纵情享乐。你为什么要说钱已经不多了呢？只管拿着这些钱去买酒喝。牵来名贵的五花马，取来昂贵的千金皮衣，叫侍儿统统拿去换成美酒，让我们一起来消除这无尽的忧愁！

这首长诗交织着李白长久以来的失望与自信、悲愤与抗争的情怀，体现出他豪纵狂放的个性。在诗里，李白借酒消愁，抒发了忧愤深广的人生感慨。别看这诗中"千金散尽还复来"写得又潇洒又霸气，其实，这时他口袋里一个子儿也没有了，比他李白的"白"字还要干净。

　　尽管钱花没了，也绝对不能在"粉丝"面前表现出来，毕竟才写了"五花马，千金裘，呼儿将出换美酒，与尔同销万古愁"的诗句，怎么好转身就找人家借钱呢？但是，李白的确连回家看老婆孩子的路费都没有了，只好给分居两地的妻子写信寄去思念。

在开元二十六年（738年），妻子给38岁的李白带来了个大好消息，他的儿子出生了！李白高兴得简直要跳起来，恨不得长出翅膀立即飞回家去。但是，别忘了李白现在手头紧得很，再加上他又不肯拉下脸找好朋友们借，就只好用两条腿走路回家。

成年人的世界里没有"容易"二字

一路风尘仆仆，风餐露宿，总算是看到儿子了。李白的激动难以言表，忙给自己的儿子取了个名叫"伯禽"。这个名字也很有来历，与西周初年的摄政王周公的儿子、鲁国的开国国君同名。还记得李白的女儿叫什么吗？叫平阳，与唐朝开国皇帝李渊的女儿同名。给儿女取这样的名字，一方面说明李白对他们寄予了厚望，另一方面也看出李白这人的狂傲不羁，因为在那个时代，给儿女取这样的名字，是有些犯忌讳的。

现在李白可算得上是儿女双全了，但家里又多了张嘴，这负担就更重了。可怜天下父母心，李白怎么忍心看着自己的一双儿女跟着自己吃糠咽菜呢？他不得不扛起这个家庭的重任，怎么着也得出去找份好差事挣点儿奶粉钱吧。

　　不幸的是，由于长期得不到应有的照顾，妻子许氏在生完小儿子后，身体越来越差，没过多久竟然就过世了。这个打击对李白来说实在是太大了。虽然他跟妻子并不是自由恋爱，但婚后两人的感情还是非常好的，许氏一直非常理解和支持李白，李白经常抛家舍业，外出游历，她也没有半点怨言，独自挑起养活一家人的重担。从这一点来看，李白的这位妻子可以说是十分伟大了。

　　失去了这样一位贤内助，李白的悲痛可想而知。祖产早被人抢去了，如今妻子也离他而去，再待在安州这个伤心地还有什么意思？他决心要走，但天下之大，他又能去哪里呢？

　　李白忽然想起自己有位远房叔叔在东鲁（在今山东）当县令，如果去那里的话说不定还能找这位叔叔照应一下，起码不至于让孩子们挨饿。

　　当然，除了找叔叔讨口饭吃以外，李白还有一个心思，那就是他想拜住在那里的裴旻（mín）为师，学习剑术。这位裴旻曾担任大将军，功夫了得，号称"剑圣"。李白自然是向往不已。

　　这裴旻的经历也是令人唏嘘得很。他从前镇守边
塞，立下不少战功，但是因为太优秀被主将猜忌，后
来就被炒鱿鱼回家养老了。这遭遇，不正和李白差不多
嘛？同样是怀才不遇，同样是遭人妒忌。既然同是天涯
沦落人，两人一见面，顿时生出惺惺相惜的感觉，很快
就成了抱团取暖的好朋友。

　　虽然结识了新朋友，但丧妻之痛仍旧难以排解。每当一个人待着的时候，李白就会陷入深深的思念和愧疚之中。为了把自己从低落的情绪中拯救出来，他决定多出去看看风景，多结交些新朋友，好让自己忘记过去。李白在诗歌《客中行》中记录了这一段时光：

　　兰陵美酒郁金香，玉碗盛来琥珀光。
　　但使主人能醉客，不知何处是他乡。

　　兰陵产的美酒散发着郁金香的芬芳，盛在玉碗里面闪动着琥珀般的清光。只要主人可以和我一同陶醉在这美酒之中，我恐怕要把这里当作故乡了。

他几乎走遍了东鲁的名山大川，还认识了孔巢父、韩准、裴政、张叔明、陶沔（miǎn）这些人，和他们一起在徂徕（cú lái）山下的竹溪隐居。这几个人都和李白一样，在官场上也是郁郁不得志，所以常常聚在一起发点牢骚。他们还给自己这个组合起了个挺好听的名字，叫作"竹溪六逸"。

这个时候，李白已经年满四十了。古人的寿命没有现代人长，这个年纪算是接近老年了。他曾经那么才华横溢，年少轻狂，认为自己此生一定可以"济苍生、安社稷"，然而，现实却不停地给他一个又一个的耳光。到如今，他还一事无成，连养活子女都捉襟见肘。走到这一步，任谁都会心灰意冷。所以，李白至此也慢慢淡了求官的心思，开始注重求仙访道，四处闲游，还结识了道友吴筠（yún），过了一段时间的隐居生活。

干吗非要做官啊？做个道士也挺不错。

第六章
供奉翰林

也许是"有意栽花花不发，无心插柳柳成荫"，就在李白几乎要放弃做官的念头时，事情反而出现了转机。我们知道，历朝历代的皇帝都想多活几年，甚至还想长生不老，玄宗皇帝也不例外。他跟秦始皇一样，想了很多种办法寻找长生不老药。有人告诉他，有个叫吴筠的道士炼丹药很厉害。于是，玄宗皇帝就赶紧召吴筠去长安。

我真的还想再活五百年——！

吴筠啊，这个名字我们刚提到过，不正好是李白新认识的朋友嘛！玄宗皇帝听吴筠说李白是个有才之人，就让李白也去长安。这可是皇帝亲自下的命令，不是李白之前委托的那些不靠谱的高官给的消息。已经快要死心的李白听说后，天知道他有多么高兴。自己总算在42

岁这年踏出了实现梦想的第一步，总算是可以扬眉吐气了。于是，他安顿好两个孩子，立刻准备进京，还挥笔写下了《南陵别儿童入京》来表达自己的兴奋劲儿。

白酒新熟山中归，黄鸡啄黍秋正肥。
呼童烹鸡酌白酒，儿女嬉笑牵人衣。
高歌取醉欲自慰，起舞落日争光辉。
游说万乘苦不早，著鞭跨马涉远道。
会稽愚妇轻买臣，余亦辞家西入秦。
仰天大笑出门去，我辈岂是蓬蒿人。

　　我从山中回来时白酒才刚刚酿熟，黄鸡正在啄着谷粒，正是秋天大丰收的时候。让童仆给我炖只黄鸡，斟上白酒，孩子们嬉笑吵闹着来扯我的衣服。喝到忘情时，想高歌一曲，仿佛已经喝醉，以此来安慰自己。想在这秋天美丽的夕阳之下，翩翩起舞。没能在更早之前游说万乘之君，如今只好快马加鞭，匆匆赶路了。会稽的愚妇看不起贫穷的朱买臣，如今我也要离开家去往长安。仰面朝天放声大笑着走出门去，我又怎么会是长期身处草野之人呢？

你看，从"仰天大笑"就知道李白有多开心了。他马不停蹄地向长安出发，恨不得一刻都不停歇，生怕出什么岔子。

到了长安，作为皇帝邀请的客人，李白自然受到了优厚的待遇，被安排在招贤馆住下。在等待皇帝召见的日子里，吴筠还把李白引荐给了贺知章。贺知章可是当时的大名人，既是著名的诗人、书法家，又是曾经的科举状元，历任礼部侍郎、秘书监等职，相当于文化教育部副部长、国家图书馆馆长，深受皇帝的赏识。而李白虽然写诗出了点名，但说到底也不过是来"西漂"的一个普通老百姓，既无文凭也无功名，如今能够和这样的大人物见面，自然是有些受宠若惊。

小贴士

贺知章，唐代著名诗人、书法家。《咏柳》《回乡偶书》都是他的代表作。

好在大官贺知章一点也不摆官架子，他十分欣赏李白的才华，两人见面可以说是非常聊得来。贺知章高兴啊，就想着请新朋友李白喝顿酒，然而尴尬的是，好酒好菜上桌，才发现两人都没带钱。

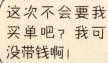

　　好在，贺老爷子腰里挂了个小金龟。这金龟是他官员身份的标志，但是为了李白，贺老爷子想都没想就拿这金龟给店家抵了酒钱，可见他是真心喜欢李白，后人也称这段故事为"金龟换酒"。

酒钱顺利付上了，两人就开始喝酒。不过，醉翁之意当然不在酒啦，这不，才过了一会儿，贺知章就按捺不住了，主动问道："小白啊，早就听说你诗文写得很好啊，拿一篇给我看看。"李白早有准备，递过了那篇《蜀道难》。贺知章接过这首诗，还没看完就连连称赞，对李白大夸特夸："这诗也只有从天而降的仙人才能作出呀！"就因为贺老爷子的这句话，李白从此便有了"谪仙人"和"诗仙"的美名。

　　鉴定完李白的诗歌之后，贺知章对李白的喜爱又多了几分。这样优秀的人才，怎么能不为朝廷服务呢？于是贺知章就天天在玄宗皇帝耳边吹风，把李白的才能说了无数遍。玄宗皇帝之前也对李白的才华略有耳闻，于是就宣李白觐见。皇宫里气氛庄严，好在李白并不怯场，闲庭信步地走进了金銮殿。

这场子，我可要好好地hold住（稳住）！

也许是特意想考察一下李白，玄宗皇帝当即出了个难题，让李白即兴写首诗。李白也是当仁不让，很快就完成了，玄宗皇帝提的其他问题他也都对答如流。很久没碰到过这么全面的人才了，这可把玄宗皇帝高兴得不行。为了表示对李白的欣赏，他把侍臣端上来的一碗羹汤，亲自调了几下，赏给了李白，当场就封李白为翰林供奉。

这汤是皇帝亲手做的。

偶像啊！　　　膜拜！

从此，李白便麻雀变凤凰，由一介草民变成了朝廷的公务员，而且还是皇帝身边的"第一秘书"。自从得到皇帝的亲自认证后，李白的才名更是越传越远，说是"顶流"一点儿也不夸张。不过这瞬间飙升的待遇，让李白觉得特别不真实，感觉身子飘飘然，头脑醺醺然，耳际哄哄然，好像在戏中，又像在梦里。

不过，这"第一秘书"的角色说起来好听，其实，主要任务就是帮皇帝起草文件，同时迎合皇帝的兴趣写些应景的诗文。李白也不着急，既然已经能够在皇帝身边工作了，还差没有机会表达自己对国家大事的看法和主张吗？他要做的就是好好提升自己，好让大老板看到自己的价值，就连酒也戒了，每天在办公室里温习经史，将记载唐太宗治政大全的《贞观政要》背得滚瓜烂熟。

玄宗皇帝也确实很看重李白的才华，无论是宫廷宴会还是御驾出游，都让李白陪在左右。李白一步登天，以前那些嫉妒李白而不肯举荐他的人，纷纷都来拍他马屁，其中就有戏耍过李白的驸马——张垍，李白逮住机会狠狠地出了口恶气。

然而，时间一长，李白也发现了，皇帝好像只是看重他写诗作文的本领，并没有让他参与国家大事的意

思。这就让李白陷入了深深的失落之中。虽然他现在地位很高，但说白了，只是个陪皇帝写诗娱乐的御用文人而已，他还是没机会实现自己"济苍生、安社稷"的抱负。原以为自己能干出一番事业，留名青史，如今看来又要成为泡影。李白只能把封起来的酒坛子再次打开，又开始借酒消愁。

尽管李白每天喝得醉醺醺的，却一点儿也没耽误工作。有年春天，玄宗皇帝和宠妃杨玉环在宫里的沉香亭观赏牡丹花。说起这牡丹花，可不一般，在唐宋时期那是饱受上流社会喜爱的第一名花。不过，花是美，就这么干巴巴地看却没啥意思，还得有些文艺工作者来唱歌跳舞助助兴才行！要唱歌跳舞，就得有曲调，这种特别的场面，曲调也得特别，不能用这以前的老调子。

换了调子，乐词也得换，奈何自己的文采不好，实在想不出什么新鲜的花样，玄宗皇帝就只好叫人去把李白找来。下人也是很懂李白的习惯，直奔酒家，把喝得晕晕乎乎的李白拖到皇帝面前。没想到，半醉半醒的李白才华也还是很够用，马上就在金花笺上唰唰唰地写出了三首《清平调》。

清平调（其一）

云想衣裳花想容，春风拂槛露华浓。

若非群玉山头见，会向瑶台月下逢。

清平调（其二）

一枝红艳露凝香，云雨巫山枉断肠。

借问汉宫谁得似？可怜飞燕倚新妆。

清平调（其三）

名花倾国两相欢，长得君王带笑看。

解释春风无限恨，沉香亭北倚阑干。

见到云就联想到她华丽的衣裳，见到花就联想到她美丽的容貌，春风吹拂栏杆，露珠的光泽让花色更浓。如此天姿国色，若不是群玉山头才能见到的仙子，就是瑶台月下才能遇到的神女。

美得就像一枝带露的红牡丹，那巫山的神女和她相比，也只会感到悲伤。请问汉宫中的妃嫔，谁和她相比？就连赵飞燕，还得依仗新妆才行！

名花和美人相得益彰，常使君王笑得满面春风。她动人的姿色像春风可以消解君王无限怨恨。在沉香亭北，两人双双倚靠着栏杆。

这三首诗，都是把杨玉环比作牡丹花，极力赞美她的美貌，自然是把她哄得合不拢嘴。

本来李白就受皇帝的宠幸，这下又得了皇帝宠妃的欢心，他的地位更是水涨船高，几乎是要风得风，要雨得雨，要天上的星星也有人去摘。可越是这样，李白越是觉得心里不得劲。他想要的是凭借自己的才能平步青云，可不是靠拍马屁获得皇帝的青睐啊。所以皇帝越喜欢他，别人越是吹捧他，他反而越感到腻烦。

资深美言大师

　　他常常想：我现在每天都在做些什么事啊？无非就是写写诗让皇帝乐和乐和，和国家大事一点儿都不沾边，长此以往，还怎么实现自己的理想啊？如果沉溺于安逸的生活，而不去追逐梦想，那人和咸鱼有什么区别呢？这样的日子简直无聊、空虚透了。

可是一时半会儿又没别的办法，李白只好一边在皇宫里写些哄皇帝高兴的诗歌，一边悄悄关心着边塞，做做平定边患、守护边疆的梦，写写诸如《塞下曲》等和边塞有关的诗歌。可这越写就越觉得烦闷，他只好每天把自己喝得烂醉，以此来麻痹自己。

平定边患，守护边疆！

可是这酒喝多了，总归不是好事啊，这不，李白又闯祸了！作为皇帝身边的红人，李白时常被拉出去作诗，展示自己的才华。可每次在客人面前出现的都是醉醺醺的李白，玄宗皇帝虽然喜爱李白的才华，但对于李白这样的做派，心里多少还是有些意见。

　　有一次，李白又喝得酩酊（mǐng dǐng）大醉，被皇帝叫去写诏书。没办法，老板的命令没法拒绝，他只好东倒西歪地走到大殿上。走着走着，他忽然觉得气氛有点不对，往四周一看，才知道有个太监正瞪着自己。

　　这个太监叫高力士，当时受到皇帝无尽的宠爱。他仗着自己受宠，整天在皇宫里横行霸道，老欺负一些没给他好处的小官员。

李白疾恶如仇，早就看不惯这个小人做派、狗仗人势的太监了。当时李白又正好喝了点酒，看这太监还敢瞪他，一时气不过，想戏耍一下他，就对皇帝说："皇上，我有个小小的请求，不知您准不准？"

　　皇上因为急着要李白写诏书，便说："你有什么要求，尽管讲。"

　　李白说："我刚喝了点酒，因此无法像平常那样很恭敬地写文章。请皇上准许我穿戴随便一点，这样我才能把这篇诏书写得符合您的要求。"

　　皇上想了想，摸着胡子说："既然这样，我就准许你随便一点吧。"

让你笑，一会儿有你好受的。

于是，李白伸了个懒腰说："我穿的鞋太紧了，要换一双松一点的便鞋。"皇帝便立即叫人给他取双便鞋来换。李白趁机对着站在一旁的高力士，把脚一伸，指使他说："给我把鞋脱了。"高力士平时作威作福惯了，没想到李白会来个突然袭击。在完全没有心理准备的情况下，自己这当惯奴才的膝盖便自然而然地跪了下去，竟真的给李白把靴子脱了。

我这膝盖有自己的想法啊！

高力士本来就看不惯李白，这一下李白又让他狠狠出了一次丑，他和李白可以说是彻底结下了梁子。从此之后，这个小心眼的太监整日里就盘算着怎么算计李白，好让李白彻底失宠。

我们也知道，李白这人心大啊，他根本没把高力士放在眼里，洋洋洒洒地写下一篇好文章之后，就懒懒地站在那儿等着皇帝过目。皇帝看了很开心，夸了李白一顿，并决定把之后归皇帝写的文章都外包给李白。

得到皇帝的进一步认可，李白很高兴，压根没注意到高力士那恶狠狠的目光。

咱们老百姓，今儿个真高兴！

高力士这个人，既然能够成为皇帝面前的宠臣，肯定还是有些手段的。他仗着自己和杨玉环关系好，就在她面前胡乱造谣，说李白在《清平调》中把杨玉环与赵飞燕对比，这是"大不敬"。要知道赵飞燕是汉成帝的宠妃，凭着自己貌美成为皇后，最终结局凄惨，经常被后人指责。

杨玉环一听顿时气炸了，就马上跑去皇帝那里告状。但李白冤枉啊，他完全没想这么多，写"可怜飞燕倚新妆"时只是单纯地夸杨玉环漂亮，拍个马屁而已。

拍个马屁嘛，何必这么认真！

一边是爱妃，一边是宠臣，玄宗好生纠结了一番，但最终还是选择了站在自己的爱妃这一边。而且玄宗一想，这个李白平时没少写诗说朝廷的不好，我是让你来拍我马屁的，又不是让你来说我坏话的，一个不会拍马屁的跟班有啥好罩着的？而且自己的女婿驸马张垍也常跟自己说李白的坏话，可见李白这人确实是有问题。玄宗自认为看得很明白，就开始疏远李白。

　　这边玄宗有点嫌弃李白，李白对朝廷更是失望。其实李白自己也明白，他得罪了很多人，毕竟他性格孤傲耿直，学不会表面一套背后一套的"厚黑学"（心要黑，脸皮更要厚），职场的情商可以说完全是一个大写的鸭蛋。而且，来长安这么久了，他还没参与过一件国家大事，可见皇帝也根本没有这方面的意思，不过是将他当作一个逗乐解闷的工具人罢了。

　　一次，他独自在一个有月亮的晚上喝酒，借着酒意写出了一组诗，名叫《月下独酌》。

月下独酌（其一）

花间一壶酒，独酌无相亲。

举杯邀明月，对影成三人。

月既不解饮，影徒随我身。

暂伴月将影，行乐须及春。

我歌月徘徊，我舞影零乱。

醒时同交欢，醉后各分散。

永结无情游，相期邈云汉。

在花丛中摆下一壶好酒，没有亲友作陪，我独自喝酒。举起酒杯邀请明月来一起喝，加上自己的影子正好三个人。月亮本来就不懂饮酒，影子徒然跟在身后。暂且以明月和影子相伴，趁此春宵要及时行乐。我唱歌时月亮徘徊不定，我跳舞时影子飘前飘后。清醒时我们共同欢乐，酒醉后我们各奔东西。但愿能永远尽情漫游，在茫茫的天河中相见。

这组诗一共有四首，以上面的第一首流传最广。政治失意的李白在月夜花下独酌，没有人可以亲近，十分孤寂。他以月为友，以影做伴，对酒当歌，及时行乐。表面看，他好像真的能自得其乐，其实内心很是落寞。

这样的日子，李白实在过不下去了。就在天宝三载（744年）的春天，李白想着与其被炒鱿鱼，不如自己主动辞职。这也正中玄宗下怀，他还在思考着怎么想个办法撵李白走呢，这下好了，直接省了找借口的程序，立马就答应了。

不过，李白毕竟是天下闻名的才子，就这么赶他走还是有点担心别人说闲话，于是，玄宗皇帝就随便赏了一些金银，打发他回家了（"赐金放还"）。这年李白44岁。

第 七 章
再度漫游

这一回，李白可以说真的是被伤透了，以前是想当官却当不成，现在是有官当却当得浑身都不得劲儿。对于这样的官场，这样的朝廷，这样的皇帝，李白是彻底死心了。他的内心积压了太多说不出的苦闷，急需释放，思来想去，李白决定去求仙学道，喝酒隐居，不想再过问世事了。

天宝三载（744年）冬天，李白跑去受道箓（lù），想成为一名真正的道士。于是，经过多方打探，他找到高如贵道士为他授箓，最终正式成为一名有编制的道士。

就这样，李白开始了求道生涯，希望借此消减自己的痛苦，然而效果不大。

之前李白离开长安后，在途经洛阳时，碰上了他的
"唯粉"——当时33岁的杜甫。为什么说杜甫是李白的
"唯粉"呢？因为杜甫是"爱且仅爱"李白一人，这从
他为李白所写的众多诗歌中就能看出来，这些诗不仅数
量多，内容更是充满了对李白的崇拜。

　　杜甫虽出身名门，但在当时还仅仅是个科举落榜、
默默无闻的年轻人，而李白已经是名满天下的"李翰
林"。如果不是李白正好游历到洛阳，可能杜甫和自己
的偶像这一辈子都不会有交集。李白也挺喜欢杜甫这个
小"迷弟"，二人后来结伴一起漫游梁宋（今河南开

封、商丘一带）。一路上，两人抛却烦恼，纵情山水，累了就一起狂饮大醉，醉了就一起高谈阔论，好不快意。而且，两人还在途中偶遇了另一位大诗人——高适。三位志同道合又才华出众的大诗人在一起，碰撞出了激烈的灵感火花，这段时间里，他们各自都写出了许多诗作。

可惜的是，天下没有不散的筵席，杜甫打算去长安寻找做官的机会。李白以过来人的身份劝道："我刚刚逃出官场，你却转眼要进官场。如今朝廷黑暗不堪，你还不如和我一起，寄情于山水之间，放荡于江湖之上，岂不比混迹官场强上百倍？"

　　但杜甫对仕途的向往之火仍没有熄灭，由于家族基因，他从小就在心中埋下了"事君报国"的信念。这一次，他没有听从偶像的劝告。后来的事实证明，李白的劝告是对的。杜甫官场失意，而且总是过着穷困潦倒的生活，不停地逃难，挨饿，求人接济，却又无人照料，最终客死异乡……

当时，高适已先离开南下，再和杜甫分别，李白就又是一个人了。他又游荡了一段时间，觉得没啥意思，于是就决定去浙江绍兴，找在长安认识的"忘年交"贺知章玩。

在启程之前，东鲁这边的朋友为他饯行，李白诗兴大发，就写下了当今无数中学生的噩梦，必背古诗文之《梦游天姥（mǔ）吟留别》：

海客谈瀛（yíng）洲，烟涛微茫信难求；越人语天姥，云霞明灭或可睹。天姥连天向天横，势拔五岳掩赤城。天台四万八千丈，对此欲倒东南倾。

我欲因之梦吴越，一夜飞度镜湖月。湖月照我影，送我至剡（shàn）溪。谢公宿处今尚在，渌（lù）水荡漾清猿啼。脚著谢公屐（jī），身登青云梯。半壁见海日，空中闻天鸡。千岩万转路不定，迷花倚石忽已暝。熊咆龙吟殷岩泉，栗深林兮惊层巅。云青青兮欲雨，水澹（dàn）澹兮生烟。列缺霹雳，丘峦崩摧。洞天石扉，訇（hōng）然中开。青冥浩荡不见底，日月照耀金银台。霓为衣兮风为马，云之君兮纷纷而来下。虎鼓瑟兮鸾回车，仙之人兮列如麻。忽魂悸以魄动，恍惊起而长嗟。惟觉时之枕席，失向来之烟霞。

世间行乐亦如此，古来万事东流水。别君去兮何时还？且放白鹿青崖间，须行即骑访名山。**安能摧眉折腰事权贵，使我不得开心颜？**

　　来往于海上的人谈起瀛洲，烟波迷茫无际，实在难以寻求。来自越地的人谈起天姥山，在云雾霞光中时隐时现，有时还能看见。天姥山高耸入云，连着天际，横向天外，山势高峻超过五岳，盖过赤城山。天台山高四万八千丈，对着天姥山却好像要向东南倾斜拜倒一样。

　　我根据越人说的话梦游到了吴越，一天夜里，飞过了明月映照的镜湖。镜湖的月光照着我的影子，一直送我到了剡溪。谢灵运住的地方如今还在，清水荡漾，猿猴清啼。脚上穿着谢公当年特制的木鞋，攀登直上云霄的山路。到半山腰就看见了海上的日出，空中传来天鸡报晓的叫声。山路盘旋弯曲，方向不定，倚石欣赏迷人的山花，却发现此时天色已晚。熊的怒吼、龙的吟啸震动了山岩清泉，茂密的森林为之战栗，层层山峰为之惊颤。云层黑沉沉的，像是要下雨，水波动荡生起了烟雾。电光闪闪，雷声轰鸣，山峰好像要崩塌似的。神仙洞府的石门，訇然一声从中间打开。天色昏暗看不到洞底，日月照耀着金银做的宫殿。穿上彩虹做的衣裳，云中的神仙们纷纷乘风而来。老虎弹琴，鸾凤拉车，仙人们成群结队，密密麻麻。忽然惊魂动魄，恍然惊醒，接着便是长长地叹息。醒来时只有身边的枕席，刚才梦中的绮丽仙境已经消失。

人世间的欢乐也像这梦中幻境，自古以来万事都像流水一样，一去不复返。我与诸位朋友分别，何时才能回来啊？暂且把白鹿在青崖间放牧，等到远行时就骑上它寻访名川大山。我怎能低头弯腰去侍奉权贵，使我心中郁郁寡欢呢？

　　这首诗其实可以看作是李白做的一个梦。李白也算是个旅行家了，祖国大地到处都留下了他的足迹。但是众人口中的天姥山他一直没有去过，这让他心痒难耐。所谓得不到的永远在骚动，他一定要去看个究竟。

拜托，一定要让我梦到天姥山，我只有那里没打过卡了！

然而现实却很残酷，且不说天姥山有多险峻陡峭，他至今连天姥山的具体方位都找不到，所以李白有些遗憾地说"越人语天姥，云霞明灭或可睹"。

　　于是，一切都只能靠李白的想象了，他写下了"天姥连天向天横，势拔五岳掩赤城。天台四万八千丈，对此欲倒东南倾"，认为自己心心念念的天姥山一定比任何山都要雄伟壮丽，就连五岳在它面前都远远不如。

天姥山就是第一，不接受反驳！

　　所谓日有所思夜有所梦，李白每天想着天姥山，晚上果然梦到了。他记得在梦里，自己趁着夜色，穿着谢灵运做的木屐，带上青云梯只身寻访天姥山去了。经历了许许多多曲折坎坷之后，自己总算如愿找到了天姥山。天姥山果然就和自己想的一模一样，不仅风景好，还有仙人在那儿等着他。可惜的是，正当李白打算和仙人要个联系方式时，梦醒了。

小贴士

谢灵运（385年—433年），著名山水诗人，中国文学史上山水诗派的开创者。谢灵运喜欢游山水，制作出一种"上山则去前齿，下山去其后齿"的木屐，后人称之为"谢公屐"。

大概是梦醒后一场空让李白十分惆怅，他不禁想起不久前，自己还是长安城的大红人，皇帝的贴身小跟班，甚至皇帝还亲自给自己调肉羹吃，现在却什么都不是了。

对李白来说，这天姥山就象征着他那遥不可及的梦想。明明十分想去却在地图上找不到它的方位。在李白心里，对皇帝点头哈腰，整日变着法子帮他哄女人高兴，可不就和缺了具体位置的地图一样膈应（gé yìng）人嘛！所以李白最后呐喊道"安能摧眉折腰事权贵，使我不得开心颜"。

写完这首诗，是时候跟朋友们告别，前去找老朋友贺知章了。但等他到了绍兴才知道，贺知章辞官回家后没多久就因病去世了。李白非常伤心，脑袋里顿时如放电影一般，回忆起与贺知章相处的点点滴滴。他越想越感慨，于是挥笔写下《对酒忆贺监二首》，在诗里夸赞了自己的老友，也表达了自己的悲痛。

既然贺知章已经驾鹤西去，李白也只得闷闷不乐地离开绍兴。他先后又去了很多地方，把自己多年前走过的路线重温了一遍。到金陵后，他想去找王昌龄玩，结果又扑了个空，这时王昌龄已经被贬到龙标（今湖南境内）去了。于是，他满怀愁怨，写下了《闻王昌龄左迁龙标遥有此寄》：

> 杨花落尽子规啼，闻道龙标过五溪。
> 我寄愁心与明月，随君直到夜郎西。

在杨花落尽、杜鹃悲啼的时节，听说你被贬去龙标，龙标地方偏远，要经过五溪。我托明月带去我的思念，希望它可以陪伴你一直到夜郎之西。

后来，李白又听说玄宗皇帝越老越糊涂，朝廷被宰相李林甫那个口蜜腹剑的小人折腾得乌烟瘴气、腐败不堪。李白这时突然想开了，既然这个朝廷已经不可救药，自己又何必死守不放呢？是酒不香，还是风景不好看？天天喝酒赏景不是更舒服吗？

于是，在金陵的这段时间，人们都知道，李白只干四件事：不是到处游山玩水，就是和三四个朋友在酒楼狂饮，再者就是和一伙人到钟山打猎，实在找不到他人，那他就是和一帮酒肉朋友，坐着游船在秦淮河上赏月了。

回想一下，李白还真不是一个合格的父亲。孩子们还在东鲁寄人篱下呢，自己却在金陵"花天酒地"。自孩子们出生以来，李白常年在外游历，和他们在一起的时间少之又少。人心都是肉长的，作为父亲，总会想自己的孩子。李白也写过一首《寄东鲁二稚子》来表达自己的思念。这回兴许是太久没见着孩子了，李白实在想孩子想得紧，决定取道梁宋回东鲁。

在回程路上，李白遇到了他生命中的另一个女人——宗氏。前面说过，李白和杜甫、高适三人曾一起在梁宋游历，他们当时一起去了位于河南商丘的梁园游

玩。园中的美景激发了三人的诗性，杜甫、高适各自先写了一首，李白见园中一所寺庙的墙壁刚刚被粉刷过，便拿起笔来，趁着酒劲，将一首《梁园吟》写在了墙壁上。

寺里的小和尚听到外面有人吵闹，赶紧跑了出来，看到白花花的墙壁已经被李白涂得一塌糊涂，拿起扫帚就要赶他们走。李白等人哈哈大笑，扔下笔，转头就跑了，把小和尚气得不行。

　　小和尚不知道这三人就是闪耀文坛的大诗人，以为是什么不讲文明的低素质游客。小和尚生怕受批评，赶跑他们后，就拿起刷子打算把墙壁重新粉刷一下。

　　这时，来了一位端庄大方的女游客，也就是宗氏。她被墙壁上的诗吸引住了，细细地读完后，看到小和尚拿起刷子正要刷墙，连忙制止了他，说要买下这面墙。

　　小和尚大吃一惊，以为自己听错了。

　　"宗小姐，小僧没有听错吧？您要买这墙？这墙既拆不了，又搬不走，您买它干什么？"

　　"我既不拆，也不搬。你就说多少钱吧。"宗氏继续问道。

　　小和尚还是以为宗氏在开玩笑，就敷衍地回答说："多少钱我不好说，不过，您既然要买的话，先让我把它粉刷干净吧。"

　　"慢着！你刷干净了我就不要了！"宗氏赶紧说。

　　小和尚这才明白，原来宗氏要买的是墙上的诗。她回头叫丫鬟取来一千两银子，并吩咐道："从今天起，

我请你帮我保护好这面墙，别让雨淋坏了，更别叫人再
在上面涂抹。"

　　这位宗氏，就是已故宰相宗楚客的孙女，她多才多
艺，是梁宋有名的才女。父母也对她特别宠爱，准许她
自己挑选夫婿。但是，很多高门显贵、英俊公子上门求
亲，都被她婉言谢绝了。

宗氏"千金买壁"的故事，经过"吃瓜群众"的口口相传，很快就传扬开了，连当事人李白也听说了。他非常惊讶，竟然有人愿意花这么多钱买一面搬不走的墙，只因自己在上面写了首诗，这才是真正的知音和"铁粉"啊。

于是，他这次路过梁园，特地上宗家拜访了宗氏。两人一见钟情，宗氏一直未嫁，李白当时也是单身，在朋友的撮合下，两人就顺理成章地结婚了。

李白和宗氏都非常珍惜这段缘分，两人婚后的小日子过得甜甜蜜蜜。如今李白儿女双全，又娶了称心的妻子，终于过上了一段安稳的日子。

第 八 章

晚年奔波

家庭这么幸福美满，按理说，已经五十岁的李白应该可以老老实实地享受下天伦之乐了。然而这平静的生活没过多久，就被一封意外来信给打破了。这封信是一个叫何昌浩的朋友写给李白的。何昌浩当时是范阳节度使幕府判官，邀他到幽州（今北京及河北北部一带）一游。幽州位于大唐的北疆，一直不怎么太平，时常有战乱发生。然而，对李白来说，上阵杀敌，平定边患，也是他的"平行志愿"啊。于是，李白立即就写诗回复何昌浩，表示自己"不想成为济南那个叫伏生的人，九十多岁了还在啃书本，吟诵古文。不如拔剑而起，到沙漠中去拼杀敌寇，为国立功"（**羞作济南生，九十诵古文。不然拂剑起，沙漠收奇勋。——《赠何七判官昌浩》**）。看，李白年少时期立下的志向，直到现在都还没有熄灭。这不，何昌浩稍一撩拨，李白又决定继续追梦。

再不疯狂我就老了，不行，我得出去干件大事！

宗氏很担心，一再劝李白取消行程，但李白这次心意已定，觉得自己再不把握机会就真的没了，硬是没听老婆的劝。宗氏的担心也不无道理，当时镇守幽州的一把手不是别人，正是范阳节度使安禄山。安禄山，可是出了名的乱臣贼子，他掌握了唐朝大量的兵马，全国上下除了皇帝，没人不知道他要谋反。在这种形势下，李白居然选择跑到他的地盘去，简直就是去送人头啊！

不听老婆言，
吃亏在眼前。

　　李白也不是一个蠢人，他当然知道幽州有多危险，但他这次去其实是为了完成一个隐藏任务。这点在他去幽州的途中写给朋友的一首题为《留别于十一兄逖裴十三游塞垣》的诗里，已经清楚地表达出来，尤其是最

后几句 **"且探虎穴向沙漠，鸣鞭走马凌黄河。耻作易水别，临岐泪滂沱"**（我马上要去沙漠探虎穴，挥鞭驱马越过黄河。不像荆轲在易水分别那样，面对歧路便痛哭流涕！）。

他此行的目的就是要去"探虎穴"。对于安禄山要谋反的传言，别人都信，唯独皇帝不信，所以李白想借机实地考察一番。

当李白终于踏上了幽州的土地，放眼望去，这里的景象与中原地区完全不同，风光不同，而人更不同，这些印象全都被李白记录在他的《行行游且猎篇》《幽州胡马客歌》等诗歌中。当然，在迷醉于"边城儿""胡马客"英风侠气的同时，李白并没有忘记自己的使命。

完成长达数月的情报收集与分析工作后，李白终于得出了一个结论：安禄山必反！

面对安禄山如狼似虎的大军，李白感觉大唐这次凶多吉少，而自己又没有真凭实据来指认安禄山，实在是无力回天，唯一能做的似乎只有——大哭一场。

此行考察军情的任务已经完成，但要阻止安禄山造反，他这个老头子是不可能完成的，继续留在幽州已经没什么意义了，还是回家吧。于是在天宝十二载（753年）年初，李白找了个借口，向何昌浩辞行。可能是看李白年纪大了，也做不成什么事，何昌浩并没有强留他，安禄山也没有派人追杀他。于是，李白顺利地离开了范阳。

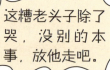

这糟老头子除了哭，没别的本事，放他走吧。

　　出了范阳后，李白又开始到处"浪"了。到了秋天，李白在朋友李昭的邀请下，决定去宣城（今安徽宣城）小住一段时间。李白觉得宣城这个地方很适合自己养老，这里不仅有优美的自然环境，更重要的是，自己的偶像谢朓（tiǎo）曾经在这里担任过太守。谢朓在宣城建的一座楼还保留了下来，后人称它为谢朓楼。来到宣城之后，李白第一时间就登临谢朓楼打卡，还写下一首《秋登宣城谢朓北楼》。

　　天宝十二载（753年）的秋天，李白在宣城碰到了时任秘书省校书郎的故人李云。李白带着李云在宣城好吃好喝玩了许多天。分别的时候，又来到谢朓楼，为李云送行。喝着酒，李白忍不住问起了朝廷的情况。可惜的是，李云带来的却是一连串的坏消息。

　　北边安禄山造反在即，宰相杨国忠（杨贵妃的哥哥）却还想出兵攻打南边的南诏国，结果却惨败而归。一般这种事情都要尽快告诉皇帝，好调整部署，这家伙却怕皇帝怪罪，隐瞒不报，擅自增调兵力，一味狂攻，结果导致更加惨重的伤亡。

　　出了这么大的事儿，玄宗皇帝还在跟杨贵妃你侬（nóng）我侬呢。皇帝昏庸，奸臣当道，苦的是那些可怜的老百姓，战乱频发，赋税繁重，家家关门闭户，人人流离失所，路上到处都是乞讨的人……

爱妃，我给
二十万军队让
你哥哥玩去。

　　唉，这样糟心的国家大事不谈也罢，于是两人转而谈论起谢朓楼的主人来。谢朓是个很有才华的诗人，可惜才活了36岁，就遭人冤枉，死在了狱中。聊到这里，李白突然又开始感同身受起来，自己不也是这样，一身才华却始终被冤枉被嫉恨吗？我往后人生到底该何去何从呢？想到这里，李白忧从中来，写下了那首著名的《宣州谢朓楼饯别校书叔云》：

　　　　弃我去者，昨日之日不可留。
　　　　乱我心者，今日之日多烦忧。
　　　　长风万里送秋雁，对此可以酣高楼。
　　　　蓬莱文章建安骨，中间小谢又清发。

俱怀逸兴壮思飞，欲上青天览明月。

抽刀断水水更流，举杯销愁愁更愁。

人生在世不称意，明朝散发弄扁舟。

　　弃我而去的昨天已经无法挽留，乱我心绪的今天使我极为烦忧。长风吹过了几万里送来秋雁，对此可以开怀畅饮酣醉高楼。由衷地赞美汉家文章建安风骨，更喜爱谢朓那种清新秀丽的诗风。我们都心怀逸兴思绪飞动，想登上青天去摘取那轮明月。拔刀断水，水却更加汹涌奔流；举杯消愁，反而愁上加愁。人生在世竟然如此不称心如意，不如明天就披散头发驾舟漂流。

这首饯别抒怀诗的每一句都堪称经典。在诗中,李白感慨万千,感情跌宕起伏,一波三折。说到梦想,豪情万丈;回到现实,偃旗息鼓。可以说是充分表现了李白既豪迈又无奈的矛盾心情。既然这么不如意,不如就干脆归隐江湖,不问世事算了。

累了,算了,再见吧……

谢朓楼饯别后,李白又陷入了孤独的生活里。他常常一人登上敬亭山(在今安徽宣城),在山顶一坐就是几个小时。敬亭山很空旷,连小声说话都会有回声,可惜的是这回声都来自李白的自言自语。一种巨大的孤独感席卷了李白,一首《独坐敬亭山》就这样写出来了:

众鸟高飞尽，孤云独去闲。

相看两不厌，只有敬亭山。

　　群鸟在高空中飞尽，孤云也向远处飘去。我和敬亭山相互看着，都不觉得厌烦。谁能懂我此时的心情？只有这高高的敬亭山。

Only you（只有你），能伴我……

　　这首诗把敬亭山拟人化，"众鸟"和"孤云"都离李白而去，只有敬亭山陪着他。遗憾的是，这种陪伴是默默无言的，是无法给人以慰藉的。诗中流露出深深的孤独感。

　　为了调整心情，他还去了宣城附近的秋浦（今安徽贵池）等地游玩。可是，那无尽的愁绪像藤蔓一样，始终缠绕着他，令他无法排遣。这时的李白，已经是五十多岁、白发苍苍的小老头了，空有一腔抱负、满身才华，却一事无成，还饱受打击和排挤。这些情绪最终化成了一组《秋浦歌》。其中的第十五首最广为传诵：

白发三千丈，缘愁似个长。

不知明镜里，何处得秋霜。

白发长达三千丈啊，因为心中的忧愁也这样长。明亮的镜子里，看到的是萧萧白发宛如秋霜，怎么会变成这样啊？

这首诗用极度夸张和比喻的手法，生动形象地写出了李白心中忧愁的绵长无尽。

这段时间李白曾在当涂住过一阵。据说，李白在这里还有个故事。当时，李白常到当涂县采石矶街头的一家酒馆里买酒喝，这店是一个姓鲁的财主开的，人们都叫他鲁老板。别看这鲁老板表面上对人和颜悦色的，骨子里却是奸诈得不行！他酒店中的伙计个个累得弯腰驼背，可要是病了老了，就会被他一脚踢出门外。

　　这天，李白走进了这个酒馆。鲁老板捋着胡子，眯着眼看着李白，心想这不就是那个在长安混不下去的李翰林吗，在家待了这么久，之前皇帝赏的钱肯定都花得差不多了，看来没生意可做啊。

　　于是，鲁老板暗示伙计别理李白，可伙计偏偏热情地为李白斟酒，在他临走时，还把上等的美酒给李白灌上了一大壶。

　　鲁老板一见就急眼了，便对李白说："小店屋檐太低了，酒池太浅，经不住您这样的大酒壶呵！"言下之意就是不想卖给李白酒了。

　　李白不愿同鲁老板争论，就从怀里取出最后一锭银子往柜台上"啪"的一拍。鲁老板一看到钱就两眼发直，顿时脸上堆满了笑容。

　　接下来的日子，李白照旧去店里打酒。日复一日，李白的酒钱就快要不够了，鲁老板可不愿意做亏本生意，就想了个坏点子：在李白的酒壶里兑入一些清水充量。

　　李白可是老酒鬼了，哪能喝不出来啊，只是懒得计较罢了。

　　然而这一次次的不计较反而让鲁老板变本加厉。直到最后，李白的酒壶里一滴酒也没有，全部都是水。一次，李白回家拎起酒壶往杯子里倒，一闻，味道不对；喝一口之后，就"呸"的吐了出来！一看，才知这回竟然是又浊又浑的江水，连清水都不给喝了！

　　李白没想到鲁老板竟然做得这么绝，气坏了，想去理论，又一想，和这种奸商没什么话好说！算了，以后再不去他家买酒就是了。

　　然而，采石矶一带就这一家酒馆，不去他家还能上哪儿买酒呢？那就只好先不喝了。

这越来越抠了啊，连杯清水都不愿意给！

可是，到了夜深人静的时候，没有酒喝的李白着实睡不着，写诗也没有灵感。这么多年了，酒已经成了他生命中不可或缺的一部分。而且他本来就深感孤独，如果连唯一能使他解闷的酒都没有了，这种难受可想而知啊！此时，屋外还在淅淅沥沥地下着雨，他躺在床上就这么清醒地听着，感觉那冷雨简直滴滴都灌进了自己的心里。

酒宝贝，想你啊！

第二天，他实在受不了酒瘾的折磨，又不肯屈服于那个奸商，只得在江边来回踱步来缓解。路过一间茅舍时，一位两鬓斑白的老人家朝他点头微笑，热情地请他到屋里坐。一进门，老人朝着李白便拜："感谢救命大恩人！"李白呆了，心想：这是啥时候的事？老汉激动地说道："老头我姓纪，老家住在幽州。那年闹灾荒，家里没有饭吃，我和老伴只好带着孩子上山剥树皮。不料有老虎扑上来，把我那老伴吃了，我和孩子吓得魂都没了。幸好您路过，射死了老虎，我们才捡回命来。"

这年轻人不讲武德，偷袭······

李白听了之后，总算从记忆里翻出了这段往事，但他觉得这不过是举手之劳罢了，就连忙扶起老汉说："这算不了什么。"说来，这老汉也是李白忠实的"粉丝"，他一直紧跟李白的足迹，从金陵到庐州，从宣城到采石矶。李白去哪儿落脚，他就跟到哪儿，靠打鱼、酿酒谋生。

偶像，你救了我的命，我这一辈子都当你的忠实粉丝！

李白听说后，非常感动，没想到自己都这么落魄了，还能有如此忠诚的朋友，就一把拉住老人的手跟他嘘寒问暖，顺便就问起了老人孩子的情况。不问不知道，一问吓一跳，原来这老人的儿子就在鲁老板的酒楼里打工。李白还想把鲁老板以水当酒的事跟老人说，但老人怎么会不清楚这件事呢。老人知道李白爱喝酒，就从屋里抱出一个大坛子对李白说："来，仙人，请开怀畅饮吧！"还拍了拍胸口打包票说："从今往后，您喝的酒，全由我这老头子包啦！"幸福来得太突然了，李白高兴得不知怎么办，憋了这么久终于可以喝一杯了。他立马打开盖子豪饮起来。也许是喝得心情畅快了，李白枯竭的灵感顿时如泉水般涌来，他醉醺醺地拿起纸和笔，唰唰地写了一首诗。

好酒啊好酒啊，我灵感唰唰就来了！

　　老人看着这首诗，也不认识字，不过救命恩人的东西还是得好好保存，于是他恭恭敬敬地贴在墙上。打那时候起，这间普通的茅屋可就不普通了。过路的，打柴的，捕鱼的，都想进来看看墙上的诗。老汉也吹起了牛，得意地对大家说："这是诗仙李白的手迹！他就是喝了我酿的酒，才写出这样的好诗！"

一听这话，南来北往的人都争相到老汉家里来喝酒。既然这么多人来喝酒，不如开个酒家吧，于是纪老汉就开起了酒家，并以李白的名字命名。从此，"太白酒家"的招牌就亮了出来。

那个小气的鲁老板本来名声就不咋地，还尽干些掺假的事儿，不仅客人全跑到纪老头那儿去了，连员工都纷纷辞职，跑去竞争对手那里帮忙。这可把他气得不行。他想了想，这太白酒家这么受欢迎，还不是因为有李白的名头嘛，那我也给李白送几坛酒和一些钱，请李白当代言人好了。

　　于是鲁老板亲自去请李白，李白一眼看出这位鲁老板的来意，可他李白也不是啥广告都接啊，就用之前这鲁老板对他说过的话来回怼他："你家酒池太浅，经不住我一口喝啊！"说罢把手一扬，甩甩袖子走了。

不久后，鲁家酒店就关门了，而纪老汉太白酒家的生意，却一天比一天兴旺。可惜的是，一年后，老汉就不幸生病去世了。李白很悲痛，把一坛美酒洒进长江，哭了好一会，后来还写了一首悼念老汉的诗：

哭宣城善酿纪叟

纪叟黄泉里，还应酿老春。

夜台无李白，沽酒与何人？

纪老在黄泉之下，应该还会酿造老春美酒吧。只是阴间没有李白，您老的美酒要卖给何人呢？

由于李白的名人效应实在管用，并且那时候又没有什么"商标法""反不正当竞争法"，有些人便想，李白的旗号纪家打得，我就打不得？纪老汉死后，各地的酒馆也都如法炮制，纷纷挂出了李白的招牌。于是千百年来，沿江一带，大大小小的酒馆总喜欢以"太白酒家""太白遗风"等作为名号。

在宣城居住的日子里，李白还见了一位"粉丝"，这个人的名字大家都很熟悉，他就是汪伦。汪伦的家境一般，但为人大方热情，听说李白就住在离宣城不远的地方，特别想邀请自己的偶像到家里来坐坐，但又怕李白不肯来。

他想，虽说自己家乡桃花潭的风景也不错，可李白什么名山大川没见过？一个小小的湖能吸引他的注意吗？有了！李白平生不是最爱喝酒赏花嘛，给他的信我就这么写：

"您喜欢游山玩水吗？我们这里有十里桃花！您喜欢痛快喝酒吗？我们这里有万家酒店！"

收到汪伦的信，李白果然动心了，立即兴冲冲地赶了过去。可刚到他就傻了眼：说好的十里桃花呢？说好的万家酒店呢？在哪？在哪？他刚想发火呢，结果被汪伦送上的美酒给堵住了嘴，酒香让他的怒气一扫而光。两人喝得开心了，汪伦才跟李白坦白："十里桃花，只是说离这儿十里外有个湖名叫桃花潭，并没有桃花；万家酒店，也只是因为开酒店的店家姓万。哈哈哈……"

只要酒喝得过瘾了，李白哪里还会计较汪伦玩的这种"谐音梗"？只要这汪伦的心意真诚就行了。吃饱喝足后，李白起身要告辞，听到汪伦唱起了踏歌声，很不舍地为他送行。李白也被汪伦的情意打动，挥笔写下了一首《赠汪伦》来表示感谢：

李白乘舟将欲行，忽闻岸上踏歌声。

桃花潭水深千尺，不及汪伦送我情。

李白乘着小船正要离开，忽然听到岸上传来送别的踏歌声。桃花潭的水就算有千尺深，也比不上汪伦为我送行的深厚情谊啊！

这首诗用夸张和对比手法，将汪伦对他的情意都表达出来了，也正是因为这首诗，汪伦很幸运地名留千古。

这段日子，李白看似玩得很"嗨"，实际上还是一直在担心国家的安危。然而，自己现在是一介草民，

对时局又无能为力，每次想到这些他的心情又低落了下来。一天晚上，心事重重的李白又失眠了。他起身来到院子里，抬头看见天上的明月，万千思绪似乎一下子又涌上心来，随口就吟诵出了这么几句：

小时不识月，呼作白玉盘。
又疑瑶台镜，飞在青云端。
仙人垂两足，桂树何团团？
白兔捣药成，问言与谁餐？
蟾蜍蚀圆影，大明夜已残。
羿昔落九乌，天人清且安。
阴精此沦惑，去去不足观。
忧来其如何？凄怆摧心肝。

　　小时候我不认识月亮，把它称作白玉盘。又怀疑是瑶台仙镜，飞在夜空的青云之上。月中的仙人是垂着双脚吗？月中的桂树为什么长得圆圆的？白兔捣成的仙药，到底是给谁吃的呢？蟾蜍把圆月啃食得残缺不全，皎洁的月儿因此变得晦暗不明。后羿曾经射下九个太阳，天上人间因此免受灾难，清明安宁。月亮已经沉沦而迷惑不清，没有什么可看的，还是远远走开吧。心怀忧虑啊又怎么忍心一走了之呢？凄惨悲伤让我肝肠寸断。

现在我们都知道这首诗叫作《古朗月行》，不过，我们的小学语文课本里只截取了前四句。其实，后面的诗句才是李白的重点。它们写出了现实的残酷和诗人的感慨，李白希望能出现一个像后羿这样的英雄来平定天下。然而，现实总不如人意，当时的朝廷早已危如累卵。

天宝十四载（755年）十一月，安禄山以"诛奸相杨国忠"的名义，联合史思明以二十万大军在范阳起兵造反，"安史之乱"爆发了！大唐军队根本没做什么防备，抵挡不住，一路溃败。这年十二月，安史叛军就占领了河南。李白带着妻子和孩子一路向南逃难。

第二年正月，安禄山就急不可耐地在洛阳称帝，取国名为"大燕"。做了皇帝，自然就有很多事情要做，比如修皇宫啦，选妃子啦什么的。因此叛军进攻的速度就慢了下来，这就给玄宗皇帝留下了喘息的机会。玄宗皇帝为了挽回局面，采取了一些军事措施：任命哥舒翰为兵马副元帅，镇守潼关；又派郭子仪、李光弼出兵河北攻打史思明。他本来还想御驾亲征，鼓舞一下士气，结果被杨国忠拦了下来，没去成。

当时，郭子仪、李光弼在河北已经取得一些战绩，如果哥舒翰能把潼关守住，长安还不至于沦陷。谁知，又是这个杨国忠，在玄宗面前嚼舌头，唆使玄宗命令哥舒翰主动出击，结果中了叛军的埋伏。这一年的六月，潼关被安禄山军队攻破，唐玄宗闻讯吓得赶紧带着杨贵妃仓皇逃亡西蜀，长安也就落到了叛军手里。

世道乱成这样，连皇帝和贵妃都逃命了，李白这样的普通人还能怎么办呢？只得继续南逃。逃到江西后，他决定上庐山躲一躲。

在庐山的香炉峰前，李白望见一条瀑布从天而降，引发了他的诗情，于是写下了一首《望庐山瀑布》来表达自己的惊叹。

啊，瀑布，你好长好长啊……

日照香炉生紫烟，遥看瀑布挂前川。

飞流直下三千尺，疑是银河落九天。

香炉峰在阳光照耀下升起紫色的云霞，远看瀑布，就像一条大河悬挂在山前。水流仿佛从三千尺高的地方倾泻而下，让人恍惚以为是那璀璨的银河从九重天外落了下来。

　　这首诗用夸张的手法表达了对庐山瀑布的赞誉，展示了李白那飘逸浪漫主义的艺术风格，抒发了他隐逸仙居、出尘脱俗的愿望和对大自然的热爱。

　　不过，这首诗到底写于什么时候，历史上还是存疑的，我们姑且认为它就写于李白最为颠沛流离的时候，让他能够稍稍喘口气吧。

第九章

蒙冤获罪

玄宗皇帝在逃往蜀地的路上，发布了一道命令，把全国划分为几个区，让自己的几个儿子分别去当节度使，负责对付叛军。他有个小儿子叫李璘（lín），封为永王，被安排管理西南和江南等地区的军队。李白正好在他的辖区。

这个永王从小长在皇宫里，对治国和打仗的事根本一窍不通。他虽然才能水平有限，野心和志向却不小。他听从唐玄宗的命令，来到襄阳、江陵一带，招兵买马，广揽人才，想要干出点成绩给他爹看。

我终于可以大干一场了！

永王听说李白在庐山，就派人几次三番去请他。宗氏又是不同意的，但李白说，如今天下大乱，永王又这么有诚意地来请自己出山，不去怎么对得起自己这一身本领。李白认为自己建功立业的机会来了，他把永王当成了三顾茅庐的刘备，自己就是诸葛亮。于是，他踌躇满志地来到了永王的军营。

当时永王的大军已经开到了浔阳（今江西九江），只见江面上战船密布，旌旗猎猎，战鼓隆隆。李白哪见过这场面，忍不住写诗赞叹起来。在跟随永王进军的路上，他一连写了十一首《永王东巡歌》，一方面吹捧永王的功绩，另一方面更是表达自己希望早日平定叛乱、拯救百姓的情怀和抱负。

然而，我们说过，李白这个人一向心大，在政治上就是个"傻白甜"，他完全没想到，跟着永王走向的不是人生的巅峰，而是九江的监狱。

　　原来，玄宗皇帝往西逃跑到马嵬（wéi）坡时，军队发生了哗变。军士们杀死了祸国殃民的杨国忠，并且逼迫玄宗赐死了杨贵妃。太子李亨也在这时与玄宗分道扬镳，转向北上。天宝十五载（756年），李亨在灵武（今宁夏灵武）自行即位为皇帝，这就是唐肃宗。再派人通知唐玄宗，他已经变成太上皇了。

玄宗听到这个消息，气得不行："我还没死呢，你就这么猴急？"但这时生米已经煮成熟饭，他也拿李亨没办法。不过，既然儿子这么不懂事，当爸的也不能让儿子这个皇帝当得太顺利了。于是，玄宗就想出了一个损招，也就是咱们前面提到的那个命令：让自己的几个儿子分管几个地区，这样也能分去新皇帝的一部分权力。

　　永王虽然没什么本事，但也不笨，大哥这明显是把老爹给得罪了，如果自己把老爹哄高兴了，说不定还有机会接班呢。于是，他就借机扩大自己的势力。他率军东进，名义上是平叛，实际上是准备占领江南，好找机会抢夺皇位。

永王这么干，对新皇帝李亨来说，那是比安禄山还要危险的对手。这样的局面，只要稍微有点眼力见的人，都应该看得明白，所以当时天下的文人很少有人站出来支持永王。然而李白，还沉浸在遇到明主的兴奋中。

很快，永王的军队就被当作叛军，被唐肃宗的军队揍了个稀里哗啦，永王也被杀了。跟随永王的人都倒了大霉，李白也不例外。本来李白也没跟永王干什么事，永王也没给他一官半职，只不过拿他做招牌。但李白可是写过《永王东巡歌》的啊，白纸黑字，这是最直接最有力的罪证了。

就这样，李白也被抓了起来，关进了九江的监狱。按唐肃宗的想法，李白这人这么有名，还帮我弟弟抢皇位，肯定是要杀一儆百的。幸好，李白交了几个真朋友，他们多方运作，终于救下他一命，只得了个发配夜郎的处罚。

果然多个朋友多条路啊！

虽然命是保住了，但经过这么一次坐过山车式的打击，已经快六十岁的李白，去了夜郎之后还能不能活着回来都不好说。不管怎样，告别了亲人和朋友，李白坐上船摇摇晃晃地上路了。

年纪大了就总爱回忆过去的事，他想起自己二十多岁的时候也是这样一路坐船离开家乡，可是那时候是个满怀希望、意气风发的少年，现在却已经是风烛残年，还是惨遭流放的罪人。就这样一路感慨，一路叹息，直到第二年春天，李白才到达白帝城，再往前就是夜郎了。

都快到流放目的地了，李白也没啥好挣扎的了。幸运的是，一个好消息突然砸了下来——乾元二年（759年），唐肃宗为了安定民心，决定大赦天下，本来死罪的人改为去流放，本来要去流放的人就免罪了。这个从天而降的好消息让李白高兴得几乎快要发狂。

嘻，我中奖了！

  李白赶紧收拾东西准备回家。所谓人逢喜事精神爽，这情绪的前后落差实在是太大了，李白忍不住诗兴大发。在一个朝霞满天的早晨，他跳上船，顺江东下，在船上写下了《早发白帝城》：

  朝辞白帝彩云间，千里江陵一日还。
  两岸猿声啼不住，轻舟已过万重山。

  清晨告别朝霞缭绕的白帝城，千里之外的江陵似乎一天就可到达。两岸的猿声还在身边回荡，轻快的小船早已穿过了万重青山。

  这首诗将李白想早日回家的急切和欢快的心情展现

得淋漓尽致。回去的路上，李白的心情非常好，一路上还有心思游山玩水，顺着长江连续游览了不少地方，也写下了很多表现自然风光的诗歌。

第十章
与世长辞

到了这个年纪，头上又曾被扣了顶"反贼"的帽子，李白再想出来做官已经是不可能了。但是，当时安史之乱还未平定，局势依然动荡不安，心系苍生的李白始终关注着时局的变化。

朝廷虐我千百遍，我待朝廷如初恋。

　　唐肃宗上元二年（761年），李白听说名将李光弼担任河南副元帅，来到了临淮，准备统领黄河以南的官军进攻叛军。并且，这时叛军内部也是一团乱，内讧不断，正是彻底平定叛乱的好时机。

　　当时李白正在宣城，离临淮不远，听到这些消息后，原本平静的心又开始躁动起来。虽然这时他已年过花甲，但他自认为从小练剑，身体素质还不错，觉得还可以再上战场。于是，他不顾家人的反对，毅然决定去投奔李光弼。出发那天，他还把仪式感做得足足的，特地穿上了任翰林供奉时的官袍，佩上长剑，跨上战马，那场面仿佛自己不是去当兵，而是统领了千军万马出征。然而，没多久，生活又给了他响亮的一巴掌：走到半路上他就病倒了。

李白最终不得不接受这个无情的现实：自己已经老了，不能再折腾了！就这样，他满怀遗憾地回到了金陵，准备安顿下来。然而，经过这么多年的漂泊，家里的钱已经被他花得差不多了，生活窘迫，他只好去投奔叔叔李阳冰。

这位李阳冰是李白的族叔，是位很有名的书法家，擅长写篆书。当时他在当涂做县令。他开始还以为李白只是来看看他的，好酒好菜招待了一番之后就准备送李白回去。当李白上船正要和他告别时，他看到了李白送给他的一首诗，叫作《献从叔当涂宰阳冰》，这才明白，原来这位满腹才华爱折腾，骄傲到死不低头的侄儿，是走投无路想来他这儿落脚的，于是赶紧把李白叫了回来。

幸好，李阳冰是个重情重义的人，他在当涂给李白找了个不错的住处，家人也都安排好了，照顾得很周到。

到了唐代宗（唐肃宗的儿子）宝应元年（762年），李白已经62岁。一个初春的夜晚，他又在喝酒。喝着喝着，他不由得悲从中来，深感自己时日无多。回望漫漫人生路，他心中满是苦闷和失落，觉得自己似乎一事无成，灵魂无处安放。他觉得十分孤独，最终情难自抑，落笔成诗，写下了两首《春日独酌》，其中第一首最为有名：

东风扇淑气，水木荣春晖。
白日照绿草，落花散且飞。
孤云还空山，众鸟各已归。
彼物皆有托，吾生独无依。
对此石上月，长醉歌芳菲。

东风吹来了美好的气息，水与树木沐浴着春天的光辉。太阳照耀着绿草，落花飘散飞舞。孤云在日暮时还回空山，众鸟也各自归入巢穴。这些事物都有所寄托，我的人生却孤独无依。对着这映在石上的月光，无可奈何，只能在芳草中长歌沉醉。

在这首诗里，李白说，云雾可以回归山林，鸟儿们也都各自回巢，世间万物都有依托，只有自己这一生孤独无依。哎，真是闻者伤心，听者落泪啊！

　　这一年十一月，李白重病，无法起身，李阳冰赶紧来探望。李白知道，这次上天是真的要召自己回去了。于是，他把自己身边的手稿都交给了李阳冰，请他保管。又作了一首《临终歌》，不久与世长辞，走完了他传奇而无奈的一生，终年62岁。

大鹏飞兮振八裔，中天摧兮力不济。

余风激兮万世，游扶桑兮挂左袂。

后人得之传此，仲尼亡兮谁为出涕。

大鹏展翅啊威振八方，飞到中天啊无力向上。所余之风啊激励万世，东游扶桑啊挂住衣袖。后人得此消息口口相传，仲尼不在，还有谁能为我的死而伤心哭泣？

在这首诀别诗里，李白把自己比作大鹏鸟，想要飞上高空，可惜飞到一半就没力气了，借此来哀叹自己一生壮志未酬，流露出对人生的无比眷恋和未能建功立业的深沉惋惜之情。

不久后，安史之乱终于平定，全国上下百废待兴，急需人才，朝廷下令让大家把身边有本事的人都推荐上去。李白名声在外，很多人都推荐他，可惜这时他已经不在人世，只剩下一堆等待整理的手稿。

李阳冰也确实是个值得托付的人，他把李白的手稿整理编辑，以《草堂集》的名字出版了，并为它写了篇序。要知道，当时出书是要自己花钱的。李阳冰做的这一切，只是因为他不想这些足以流传千古的经典诗作从此散失。我们可得好好感谢一下李阳冰，他对李白诗歌的保存、流传功不可没。

当然，关于李白这位诗仙的逝世，民间一直有着各种各样的传说，不过目前大家公认的说法，还是重病而亡。毕竟李白去世的时候已经是年过六旬的老翁，这在当时已经是不小的年纪了，更何况他一辈子颠沛流离，舟车劳顿，早就落下了一身病痛。

　　不过，这样一种普通的"死法"，对于李白这样的传奇人物来说太不传奇了。于是，《旧唐书》就给李白之死添了些传奇色彩，说李白是因某次狂饮大醉而醉死在宣城的。这"醉死"也许是最贴合李白"会须一饮三百杯"的作风和"斗酒诗百篇"名号的一种死法了。

关于李白的死，民间其实还有一种更凄美的传说。说李白有一次在江上喝酒，喝着喝着就喝高了。他躺在船上，仰头看见天上的月亮，伸手就想去摘。然而，天上的月亮自然是不可能摘到的，他翻了个身，倚靠在船边，突然发现水里也有一轮月亮，他就俯身去捞，结果就不小心掉进水里淹死了。

我不想知道我是怎么来的，我就想知道我是怎么没的。

人们对李白死亡原因的多种猜想，也从侧面反映出大家对李白去世的惋惜与怀念。一千多年过去了，李白仍然活在每一位中华儿女的心中。

第十一章
人生小结

一代诗仙重回"天庭"，就这样离开了人间，令人不胜唏嘘。下面让我们简单回顾一下李白的这一生吧。

公元701年（武则天长安元年），李白出生。

公元705年（唐中宗神龙元年），李白五岁，开始读书求学。

公元724年（唐玄宗开元十二年），二十四岁的李白离开故乡巴蜀，仗剑远游，开始求仕之旅。离蜀途中写有《峨眉山月歌》《渡荆门送别》等诗。

公元726年（开元十四年），李白因生病困居扬州的旅馆，因思念家乡亲人而写下千古传诵的《静夜思》。

公元727年（开元十五年），李白二十七岁，在湖北安陆与前宰相的孙女许氏结婚。

公元730年（开元十八年），李白前往长安求官，后入终南山隐居，等待机会。

公元731年（开元十九年），李白因无人引荐只得离开长安，再次漫游。

公元740年（开元二十八年），李白四十岁。妻子许氏去世。五月，李白带着一双儿女迁居东鲁。

公元742年（唐玄宗天宝元年），唐玄宗征召李白入长安，担任翰林院供奉，后写下歌咏杨贵妃的《清平调》三首。

公元744年（天宝三载）春，李白辞官，离开长安东游。途中时遇见杜甫、高适，三人同游梁宋。

公元746年（天宝五载）秋末，李白南下吴越，重游江南。临行前写下《梦游天姥吟留别》。

公元751年（天宝十载）秋末，年过五十的李白受朋友何昌浩的邀请，北上幽州。

公元753年（天宝十二载），李白离开幽州，南下宣城，与故人李云相遇，临别写下《宣州谢朓楼饯别校书叔云》。

公元754年（天宝十三载）秋，李白来到秋浦县，写下组诗《秋浦歌》。

公元755年（天宝十四载）十一月，安史之乱爆发，洛阳陷落。李白带着妻子儿女南逃。

公元756年（唐肃宗至德元载）六月，叛军攻破潼关，威胁长安，唐玄宗仓皇逃往四川。不久长安被叛军占领，李白闻讯逃往庐山隐居。

公元757年（至德二载）初，李白下庐山加入永王李璘幕府。后随永王军队东进，写下《永王东巡歌》十一首。不久，永王军队被拥护唐肃宗的军队打败，永王被杀，李白也被捕入狱。后得朋友营救出狱，被判流放夜郎。

公元759年（唐肃宗乾元二年），李白到白帝城时，遇赦，闻讯大喜，急返江陵，途中写下《早发白帝城》。

公元761年（唐肃宗上元二年）五月，肃宗命李光弼彻底扫除叛军，李白闻讯前往投军，不幸病倒。

公元762年（唐代宗宝应元年），李白重病，将手稿托付给族叔李阳冰。十一月，李白病逝于当涂，享年六十二岁。

李白这一生，传奇辉煌，跌宕起伏，但是由于官方史书对于他的记载非常少，所以在后人看来他的人生充满神秘，包括他的家世背景、出生地以及去世原因，目前都有很多争议。

　　关于李白的家世，有人通过考证认为他跟唐朝皇帝是同族，只不过李白祖上因犯罪被流放到了西域，并失去了皇族的身份。因此，李白也就出生在了西域。后来，他们家族因为经营物流生意发了财，李白的父亲就带着李白回迁到了四川生活。甚至还有人认为他就是唐太宗李世民哥哥李建成的后代。

李白家不差钱，所以他从小就有本钱四处拜师求学。加上他天资聪颖，又勤奋好学，在当地很早就声名远扬。

不过，在当时，商人尽管有钱，但社会地位极低，连参加科举考试都难，所以，李白要实现自己"济苍生、安社稷"的抱负，只能请别人举荐。于是，学成以后，李白就离开家乡"仗剑远游"，去各地拜访达官贵人，希望能得到他们的举荐，获得当官的机会。

　　然而，天纵英才的李白，生就一副傲骨，从不肯轻易向人低头。每次求见权贵，得到的答复都是"下次一定"。

　　事实也证明，他这种率真正直、疾恶如仇、才华横溢却不会收敛锋芒的性格，的确不适合在官场上混。

后来，唐玄宗亲自征召他为"翰林供奉"，荣宠一时，他也因无法忍受政治上的虚伪、腐败和黑暗，最后辞官走人。

此后，他不得不暂时抛开对官场的幻想，转身投入到寻仙问道的事业中，甚至接受"道箓"，成了一名官方认证的真道士。不过，他的这种"转型"并不彻底，年轻时的梦想之火并没有就此熄灭。

安史之乱爆发，他一边逃难，一边又在寻找拯救天下苍生的途径。当永王向他伸来橄榄枝时，他内心的那团火被瞬间点燃，以至于让他丧失了基本的政治判断，糊里糊涂地成了"叛党"，被捕入狱，发配夜郎。

即便到了老年他都没有放弃，年过花甲还想着参军入伍，上阵杀敌，平定叛乱。可惜岁月不饶人，最终一病不起，含恨去世。

作为个人，李白这一生完美诠释了什么叫作"生命不息，折腾不止"。他空有满腹才华、一腔热血，却始终得不到机会施展，最后郁郁而终，令人惋惜。但作为诗人，他的成就可以说前无古人，后无来者。他以卓越的诗情和才华，为我们留下了近一千首诗歌，成为"文化盛唐"的代表性人物，也是中国文学史上一座后人难以企及的丰碑。

　　李白在文、诗、赋方面都很擅长，但从艺术成就上来看，他的乐府诗、歌行及绝句成就为最高。他的歌行，如《将进酒》《蜀道难》等，完全打破了诗歌创作

的一切固有格式，空无依傍，笔法多端，达到了任意随性而又变幻莫测、摇曳多姿的神奇境界。他的绝句，如《静夜思》《望庐山瀑布》《早发白帝城》等，语言清新自由，浑然天成，朗朗上口，千古传诵。

大唐诗歌热搜榜

1《静夜思》李白
2《望庐山瀑布》李白
3《夜宿山寺》李白
4《行路难》李白
5《将进酒》李白
6《蜀道难》李白
⋯⋯

　　李白诗歌创作中最常用的艺术手法是想象与夸张。在描写自然景物时，他往往抓住事物的某一特点，进行大胆的想象，再夸张地表达出来。比如《夜宿山寺》中的"手可摘星辰"，《望庐山瀑布》中的"飞流直下三千尺"，都是典型的夸张手法。在夸张的同时运用想象，如《夜宿山寺》中的"恐惊天上人"，《望庐山瀑布》中的"疑是银河落九天"，就是神奇的想象。

这样将夸张和想象有机地结合在一起，呈现出来的效果就是想象奇特却真实可信、夸张大胆却十分自然，这是典型的浪漫主义创作手法。甚至有些诗歌，李白几乎完全是凭想象创作，比如《蜀道难》《梦游天姥吟留别》，等等。

李白的这种浪漫主义创作风格跟他独特的人格魅力是分不开的。他胸怀天下、气魄雄伟，却又自由不羁、

遗世独立，他那"仰天大笑出门去"的非凡自信，那"安能摧眉折腰事权贵"的傲然风骨，那"千金散尽还复来"的豪放气质，对读书人充满了无穷的吸引力。不过由于他以才力写诗，凭气质写诗，他的诗风是很难被学习的。

李白的诗歌创作，当时就征服了众多的读者，其中不乏达官显贵和文坛领袖，比如贺知章、杜甫等。尤其是杜甫，他对李白的推崇几乎达到了"迷恋"的地步，为我们贡献了诸如**"笔落惊风雨，诗成泣鬼神""清新**

庾开府，俊逸鲍参军""李白一斗诗百篇，长安市上酒家眠。天子呼来不上船，自称臣是酒中仙"等对李白和他诗歌的著名评论。

杜甫本人就是一位彪炳史册的伟大诗人，他的诗歌是现实主义的高峰。后来，"李杜"几乎成了诗歌的代名词。

年代稍晚的韩愈就曾评价说："李杜文章在，光焰万丈长。"说李白、杜甫的文章光芒照耀千古。

白居易也曾写道："诗之豪者，世称李、杜，李之

作才矣奇矣，人不逮矣。"意思是说诗歌中最好的作品是李白、杜甫的，他们俩的才能其他人都比不上。

到北宋时，中国又产生了一位大文豪——苏轼，他评论说："**李太白、杜子美以英玮（wěi）绝世之姿，凌跨百代，古今诗人尽废。**"意思是说李白、杜甫的诗歌即使跨越一百代，也没有人比得上。这也许可以算是评价里的天花板了吧。

　　李白对现代人的影响更是不必说，看看我们现在的语文教材，李白的作品被大量选用。现代著名诗人余光中这样赞美李白："**酒入豪肠，七分酿成了月光，余下的三分啸成剑气，绣口一吐就半个盛唐。**"这句话也经常在高考作文里看到。

　　李白的诗可谓家喻户晓，但真正了解李白一生的人却不多，这不能不说是诗人的遗憾。我们希望通过这本书，让您认识一个活生生的李白，一个有血有肉的李白，一个面貌清晰的李白。现在，您脑海中的李白，究竟是个什么样子呢？